Widmung

Dieses Buch widme ich den Liebenden, dass sie ein Fundament für ihre Liebe haben und ihre Beziehung Bestand hat.

Wolfgang Fries

Eine glückliche
Beziehung führen

Impressum

Urheberrechte und Freigaben

Es wurde Schrifttum von L. Ron Hubbard verwendet. Das Hauptwerk „Im Leben bestehen - Die Bibel des 21sten Jahrhunderts", wiederherausgegeben als „Philosophie des Lebens - Das Buch der Grundlagen", aus dem ein Teil der in diesem Buch befindlichen Texte entnommen wurden, wurde den Rechte-Inhabern vorgelegt und es gab bisher keine Einwände gegen das Benutzen. Betroffene Textstellen sind mit (LRH) gekennzeichnet.

Buchgestaltung und Satz:

Wolfgang Fries, Talbrückstr. 2, 66629 Freisen
Kontakt: Friesway@online.de

Korrektorat:

Nico Reuter

Herstellung und Verlag:

BoD - Books on Demand
In de Tarpen 42
22848 Norderstedt; Deutschland

ISBN: 978-3-7460-2970-2

Taschenbuch, Softcover; 1. Auflage 2013; Version 1 bis 3, 5 bei BoD, Norderstedt; 2016 Version 4, epubli GmbH, Berlin

© 2017 für den Inhalt Wolfgang Fries
© 2017 Buchdruck und Vertrieb: BoD - Books on Demand GmbH, Norderstedt

Bibliografische Information der Deutschen Nationalbibliothek
Die Deutsche Nationalbibliothek verzeichnet diese Publikation in der Deutschen Nationalbibliografie; detaillierte bibliografische Daten sind im Internet über http:// dnb.d-nb.de abrufbar.

Zum Lesen des Buches

Aus Verständnisgründen gibt es in diesem Buch ein Glossar, in dem die mit einem Asterisk (*) gekennzeichneten Worte erklärt werden. In unserer Gesellschaft ist es üblich über Wörter hinwegzulesen, die man nicht kennt, anstatt ein Bedeutungswörterbuch zu benutzen, um die unbekannten Wörter nachzuschlagen.

Unter einer Gruppe von Leuten sprach ich das Thema Verstehen an. Als Demonstration wählte ich einen Satz aus der Neufassung von „Der letzte Mohikaner": „Ich ritt auf meinem Fuchs das Gestade entlang." Es war zu lustig anzuhören, was der einzelne darunter verstand. Einer meinte, dass der Reiter auf einem Fuchs an einer Reihe von Bäumen entlang ritt. Ein anderer konnte sich nur einen Reiter vorstellen und wieder ein anderer konnte mit dem Wort Gestade überhaupt nichts anfangen.

Ein Fuchs ist ein rötliches Pferd – Pferde haben Namen wie Schimmel (weißes Pferd – von Schimmel) oder Rappe (schwarzes Pferd – Ableitung von Rabe) oder Schecke (von altfranzösisch eschec = Schach, also ein schachbrettartig gemustertes Pferd) und das Gestade ist ein Ufer, also der Übergang zwischen Land und Wasser.

Der obige Satz soll also vermitteln, dass ein Reiter auf einem rötlichen Pferd das Ufer entlang ritt.

Beim Bücherlesen ist es so, dass jeder „sein eigenes Buch" liest, aber nicht unbedingt den Text wie er vom Autor beabsichtigt wurde. Jeder kann einen Text nur soweit verstehen, wie er die Wörter im Text versteht. Jeder Leser liest ein Buch in seinem eigenen geistigen Rahmen, wie er den gelesen Text mit seiner Fantasie ausfüllt, welche Farben er sich vorstellt und wie verschiedene Wörter auf ihn wirken.

Wörter definieren zu wissen bedeutet, dass man mehr von dem versteht, was geschrieben ist. Man bekommt einen genaueren Einblick in den Sachverhalt.

Man wird dieses Buch nicht wirklich verstehen können, wenn man die Wörter nicht nachschlägt, die man nicht versteht. Seien es nun die Wörter im herkömmlichen Gebrauch oder die spezifischen Definitionen hier im Buch, welche im Glossar ab Seite 93 erklärt werden.

Eine glückliche Beziehung führen

Inhaltsverzeichnis

Einleitung..9
Der Mensch...10
Seinem Nächsten begegnen 11
Liebe 12
Glücklichsein...13
Prinzipien – Des Handelns Grundlagen...................15
Leben erleben..15
Beharrlichkeit: Seine Ziele Erreichen!.....................16
Das Ziel festlegen..16
Absicht ist Ursache 17
Entwickele eine Strategie 17
Der Brief..18
Das erste Telefonat...19
Menschenkenntnis?!..19
Emotion...24
Liebe 27
Attraktivität und Charakter.....................................28
Ein paar Worte zu „Leben".......................................29
Austauschfaktoren 30
„Vernunft", Definition:...31
Verantwortung 31
Glücklichsein:...33
Glücklichsein und Freiheit?......................................34
Unglücklich 34
Des Menschen Wille ist sein Himmelreich................34
Loyalität, Treue und Glücklichsein...........................36
Weißt du wer deine Freunde sind?..........................39
Das Problem beginnt im Kopf...................................43
Anatomie* eines Problems 44
Stress 47
Krieg !!!..49
Privat..51
Etwas getan bekommen! - Die Macht der zweiten Person –..............53
Seinen Kram selbst erledigen 55
Kommunikation – Der Schlüssel zur Welt.................56

Ein Gespräch haben 57

Das Date 60

Der Richtige 61

Sex 65

Der Wunsch Wirkung zu sein 68

Beziehung und Logik 70

Was den Menschen kompliziert macht 72

Reif für eine Beziehung 74

Opfer 77

Familie 79

Ein Platz im Herzen des Anderen 81

Die Beziehung scheitert 82

Noch ein paar Kleinigkeiten 86

richtig und falsch 89

Kodex für die 2. Dynamik 91

Dein Regenbogen 92

Glossar 93

Über den Autor 99

Weitere Literatur 101

Einleitung

Es gibt ausreichend Bücher über das Thema Liebe und Beziehung. Jeder ist mit dieser Empfindung genannt Liebe ausgestattet und möchte sie mal mehr und mal weniger erleben. Allerdings erleidet man sehr oft Schiffbruch in diesem zwischenmenschlichen Bereich. Tatsache ist, dass sich niemand in dem Metier Liebe wirklich auszukennen scheint: Man verliebt sich und hat eine Beziehung – Punkt!

Aber was ist nun diese Sache genannt Liebe, was kann man tun, um Liebe zu entfachen, aufrechtzuerhalten oder gar loszuwerden. Was sind die Regeln und Gesetzmäßigkeiten?

Eine Beziehung beruht auf dem Individuum. Es sind zwei Individuen die sich finden und eine Beziehung haben. Somit müssen also beide die richtige Einstellung haben, um eine gesunde Beziehung haben zu können. Eine Beziehung fußt also auf der Einstellung der Partner.

In diesem Buch geht es nicht nur um die Beziehung zu seinem Partner, sondern auch um die Einstellung die man zu einer Beziehung haben sollte. Eine Beziehung ist ein Teil des allumfassenden Lebens und jeder sollte sich klar sein, dass die Aspekte des Daseins in Einklang gebracht werden müssen, um ein Leben gut leben zu können.

Hintergrund dieses Buches ist mein Buch „Philosophie des Lebens - Das Buch der Grundlagen". Dieses Buch handelt einen größeren Bereich des Daseins ab. Es nutzt nichts sich in einem Bereich des Lebens gut auszukennen, wenn die anderen Bereiche sehr beeinflussend wirken und sogar das eine oder andere zerstören können. Um eine Beziehung leben zu können, sollte man ein Leben leben können und dazu bedarf in der heutigen Zeit etwas Wissen und eine entsprechende Einstellung!

Der Mensch

Der Mensch erlebt diese Welt durch seinen Verstand. Wenn der Verstand des Einzelnen nicht in Ordnung kommt, kommt diese Welt nicht in Ordnung.

1. Der Mensch ist ein Produkt seiner Taten.
2. Er tut das, was er denkt. Wenn er denkt es nicht zu tun, tut er es nicht.
3. Der Mensch versucht nicht falsch zu tun.
4. Es gibt seltsame Handlungen. Somit gibt es seltsame Gedanken*.
5. Da der Mensch versucht nicht falsch zu tun und es doch tut, gibt es Gedanken die stärker erscheinen als der Mensch will.
6. Somit regiert der Gedanke den Menschen.
7. Somit ist der Mensch nicht immer Ursache über seine Gedanken.
8. Somit gibt es einen Teil im Menschen, der falsch zu tun ihn bestimmt.
9. Dieser Teil verwirrt ihn, er macht ihn klein, schwach und **krank.**
10. Krank sein, heißt falsch zu tun - was der Gedanke auch befiehlt. (Jahrmillionen Ingenieursarbeit ergeben einen Organismus der sich selbst heilt. Und doch wird er krank.)
11. Somit organisiert der Gedanke Materie.
12. Und der Gedanke wird von dem Wesen gedacht.
13. Alle Gedanken sind aus dem Gleichen gemacht, seien sie gut oder schlecht.
14. Der schlechte Gedanke lässt sich auflösen. Er stammt von den schlechten Erfahrungen die einst gemacht und der Mensch zuvor getan(!).
15. Somit wird man wieder groß, stark und gesund.
16. Und der Mensch muss nicht mehr Mensch sein.

Korollarium*:
Der Mensch ändert sich, wenn er seine Gedanken ändert.
Du änderst den Menschen, wenn du ihm hilfst seine Gedanken zu ändern.

Seinem Nächsten begegnen

Wie verkehrt man mit seinem Nächsten? Es gibt so etwas wie Sitten und Gebräuche, also ein bestimmtes Verhalten, welches durch Regeln dargelegt ist – seien diese nun geschrieben oder nicht. Tatsächlich sind dies die Moralregeln, welche einen Anhalt zu richtig und falsch liefern sollen.

Kurzum, diejenigen, die den Führerschein gemacht haben, kennen wahrscheinlich §1 der Straßenverkehrsordnung. Es ist tatsächlich so, dass man innerhalb der Gesellschaft miteinander verkehrt, somit kann dieser Paragraph auch auf das gesellschaftliche Verkehren untereinander angewendet werden:

(1) Die Teilnahme innerhalb der Gesellschaft erfordert ständige Vorsicht und gegenseitige Rücksicht.
(2) Jeder Mitbürger hat sich so zu verhalten, dass kein anderer geschädigt, gefährdet oder mehr, als nach den Umständen unvermeidbar, behindert oder belästigt wird.

Bedenke der Sache, behandele deine Mitmenschen auf der Grundlage eines Freundes, noch ist er nicht dein Feind!

In Friedenszeit,

begegne deinem Nächsten mit freundlicher Gesinnung und in friedlicher Absicht. Erkenne an seinem Tun ob er eine Hilfe ist oder zum Ballast wird.

Handelt er in guter Absicht, hilf ihm seinen Fehler zu erkennen, so dass beim nächsten Mal es besser wird.

Ist der wirkliche Fehler gefunden und doch wird das Ziel nicht erreicht, gib ihm eine Aufgabe die er tun kann.

Kann er keine Aufgabe vollbringen, so lass ihn ziehen, damit er dir kein Unglück bringt.

Eine gemeinsame Absicht lässt Individuen Gruppen bilden.
Und jede Gruppe hat einen Führer.

Dieser Führer sollte allen anderen an Intellekt* überlegen sein und durch Vernunft die Gruppe auf dem möglichst besten Weg zu einem gemeinsamen Ziel führen.
Versagt die Vernunft des Führers, versagt auch er.
Besonders er kann lernen.

Jedes Gruppenmitglied hat das Recht an die Vernunft des Führers zu appellieren.

Liebe

„Es ist nicht die Person, sondern eher das Gefühl. Man meint, wenn man die Person verliert, verliert man das Gefühl. Doch dieses Gefühl kann immer neu geschaffen werden. Es gibt so viel Liebe wie es Leute gibt."

1. Ein Gefühl was von jedem gewollt.
2. Doch keiner weiß, woher es kommt.
3. Es kann dem Menschen zu großem Glück verhelfen oder zu großem Leid.
4. Das Gefühl kommt nicht von dem Wesen selbst, sondern von dem, was Ihn zum Menschen macht.
5. Würde der Mensch selbst erkennen, aus was er gemacht, könnte er sich selbst erkennen und mit der Liebe den Weg bestreiten, der ihn bringt zu großem Glück.
6. Das Gefühl ist ein Gedanke. Und es sagt: „Sei zusammen!".
7. Es ist die eigene Tat, die dieses Gefühl zerbricht.
8. Und auseinanderzugehen heißt den anderen vor eigenem schlechtem Tun zu bewahren, weil man ihn nicht mehr verletzen will.
9. Eine Beziehung ist eine Entscheidung.
10. Diese Entscheidung ist, für den anderen zu sein. (Anmerkung: Man kann für oder gegen den anderen sein.)
11. Die Entscheidung wird durch „Tun" getragen. Hört man auf zu tun, verwelkt die Entscheidung.
12. Eifersucht wird durch die Angst getragen anders zu entscheiden. Sie kann auch zeigen was der andere gedenkt zu tun.
13. Der Schwache neigt zur Eifersucht.
14. Die Entscheidung des Starken wird bestehen. Sie wird durch Vernunft getragen.
15. Vernunft ist das Überleben der Person in Richtung Vergnügen.
16. Schmerz bedeutet unterliegen und auf Dauer nicht Überleben.
17. Kommunikation ist der Klebstoff der Beziehung und das Geheimnis die Trennung.

Es ist ein Einfaches sich zu verlieben. Aber um die Liebe zu erhalten bedarf es Verstehen. Wenn man sich nicht mehr versteht, zerfällt die Liebe. Es ist des Menschen vermasselter Verstand, welcher Verstehen beendet!

Glücklichsein

Das Leben gibt dir eine freudige Emotion, wenn du dem Leben hilfst zu leben. Frage wie sich die Frau fühlt, wenn sie ein Kind geboren hat, oder wie man sich fühlt, wenn man ein Haus gebaut hat, oder Dinge gut repariert worden sind. All dies trägt dazu bei, dass das Leben leben kann!

1. Glücklichsein ist des Menschen höchstes Bestreben.
2. Um glücklich zu sein nimmt der Mensch den Verlust von Freiheit in Kauf. Denn glücklich zu sein bedeutet das zu haben was man sich wünscht. Jedoch „zu haben" beendet den Zustand von Freiheit.
3. So verfiel der Mensch der Materie und dem Gefühl und schuf sein eigenes Gefängnis.
4. Materie und Gefühl können invertieren* und der Mensch ist erst dann wieder glücklich wenn er Materie oder Gefühl nicht mehr hat.
5. So stellen wir fest, dass wenn man Glücklichsein mit Materie und Gefühl in Verbindung bringt, das Glücklichsein genauso vergänglich ist wie diese.
6. Aber es gibt noch eine andere Form des Glücks.
7. Der Mensch ist durch Materie oder Gefühl in einer Wirkungsposition, da Materie oder Gefühl auf ihn einwirken.
8. Der Mensch kann Ursache sein! Er selbst kann Dinge verursachen.
9. Hat der Mensch eine Aufgabe die ihn erfüllt, die das Antlitz der Welt in Schönheit erhellt oder eine Aufgabe die die Tugenden des Menschen kultiviert* und somit das allgemeine Dasein verbessern oder eine Aufgabe die dafür Sorge trägt dass Dinge funktionieren und brauchbar sind, oder sonst irgendetwas was seinen Mitmenschen Freude bereitet, so wird der Mensch alleine durch diese Tätigkeit Befriedigung und Glücklichsein erfahren.
10. Somit stellen wir fest, dass der Mensch durch sein Tun sein eigenes Glück erschafft.
11. Und selbst derjenige der nur noch ein klein wenig Hoffnung hegt etwas zu erreichen, trägt noch immer ein Stück Glück in sich – wenn die Hoffnung versiegt, man vollständig aufgegeben hat, so hat man auch sein Glück aufgegeben.
12. Und der Mensch wird erkranken wenn Unterdrückung oder Gegenabsichten zu groß geworden sind um sein Glücklichsein zu erreichen, und er wird Wege gehen um aus dem Dasein zu scheiden, seien die Wege nun offensichtlich oder verdeckt – nur um dem Unglück zu entweichen.
13. Und der Mensch kann glücklich sein, wenn er stark ist und für sich die Grundlagen der Symbiose und der Vernunft erkennt und diese auch lebt – und so kann es ein Glücklichsein für jeden geben!

Die Unfähigkeit zu verstehen, Unwissenheit, Disziplinlosigkeit, Ungeschicktheit und Feigheit sind die Hauptfaktoren die dem Glücklichsein entgegenstehen.

Glücklichsein bedeutet etwas in Bewegung zu setzen: entweder zu einem hin oder von einem weg – man möchte Dinge haben oder loswerden!

Wie will man dies schaffen, wenn man von einer der obigen Eigenschaften geschlagen ist?

Prinzipien – Des Handelns Grundlagen

Wie begegnet der Mensch den Begebenheiten des Lebens? Nun, er sieht etwas und handelt entsprechend. Aber bevor er handelt macht er in der Regel eins: Er denkt nach. Er sortiert seine Gedanken um in einer Situation das Richtige zu tun, keinen Fehler zu machen, welcher ihm Nachteile einbringen könnte.

Der Staat hat ein Regelwerk, in dem er Recht darlegt, sprich: Wenn du dagegen verstößt, wirst du bestraft. Ob des Staates Gesetz Gerechtigkeit vertritt ist eine andere Sache, Recht und Gerechtigkeit sind zwei Paar Schuhe. Somit hat der Staat seine Prinzipien. Übrigens steckt in Prinzipien das Wort Prinz* und der Prinz ist derjenige, der an erster Stelle steht – zumindest in der Erbfolge nach dem König.

Prinzipien: Dinge die an erster Stelle stehen, der Gedanke der vor der Tat steht. So handelt man also nach einem Prinzip, einer Art und Weise wie der Gedanke es vorschreibt, wie die Person den Gedanke gemacht hat.

Nun, lieber Freund, du hast mit Sicherheit deine eigenen Prinzipien, von anderen übernommen oder aus Erfahrung gelernt. Leider ist es so, dass die Stätten des Lehrens und des Lernens, die öffentlichen Schulen, keine Lektionen erteilen, kein Fach lehren welches die Prinzipien des Lebens vermittelt. Und doch sind sie des Lebens Grundlage!

Ich hab mich hingesetzt und ein paar Worte darüber verloren, Dinge gesehen, formuliert und nieder geschrieben. **Vielleicht machst du diese Prinzipien zu den deinen - mir haben sie jedenfalls geholfen und es waren die Grundlagen, auf die ich mich verlassen konnte.**

Leben erleben

Nun, das Dasein mit all seinen Facetten zu erleben hängt nur von einer Sache ab, einem Gedanken: **„Ich kann!"**

Schau es dir an, dort trüben steht ein schönes Mädchen oder ein gut aussehender Bursche der dein Interesse weckt. Du siehst sie oder ihn und denkst: „Was soll ich sagen?" oder „Hat sicherlich kein Interesse an mir." oder „Trau mich nicht". All diese Gedanken sagen dir: „Du kannst nicht!" und all diese Gedanken halten dich ab dein Leben zu erleben. Also, denke den Gedanken: **„Ich kann!"**
Ganz grundlegend gesehen ist der Gedanke „Ich kann", der Beginn der Fähigkeit. Es gilt eine Arbeit zu erledigen, wie das Holz des Daches zu streichen, eine Wand zu mauern und zu verputzen, in der Firma ein Werkstück zu erstellen oder mit einer neuen Maschine umzugehen oder einfach nur einen Brief zu schreiben.

Du siehst diese Arbeit und hast den Gedanken: „Zu kompliziert", „zu schwierig", „verstehe ich nicht", „ein anderer kann es besser", „zu gewagt" und so weiter ... Interessanterweise siehst du nur auf den Gedanken, der dir sagen will, dass du es nicht kannst. Du gehst nicht einmal mehr hin und schaust dir die anstehende

Angelegenheit genau an, denkst nicht darüber nach, welche Möglichkeiten es noch geben kann der Sache zu begegnen. Denke: **„Ich kann!"**

Zwinge dich dazu diesen Gedanken aufrecht zu erhalten. Je mehr du an diesem Gedanken festhältst, umso genauer wirst du dir die Sache anschauen und es werden dir Lösungen einfallen. Die Leute um dich herum sind auch nur Menschen, ausgestattet mit Händen und Füßen und der Fähigkeit zu denken, genauso wie du. Also, auch **DU** kannst!

In der Regel bedarf es etwas der Kenntnis, etwas Ausbildung und Fingerfertigkeit um einer Sache angemessen begegnen zu können. Mein Meister sagt zum Bücherlesen folgendes: „Bücher sind für die Leute geschrieben, die nicht genau schauen und durch ihr Denken keine ausreichende Lösung ersinnen." Weiterhin sind geschriebene Worte oft nur die Meinung eines Menschen, in der Regel zurecht gedacht und nicht genau beobachtet. Na ja, auch ich gehöre zu den Lesern und ich kann sagen, dass mir manches Buch geholfen oder die Stimme eines anderen mein Gemüt erhellt hat.

Um letztendlich etwas zu erledigen bedarf es der Absicht und diese Absicht wird getragen durch den Gedanken: „Ich kann!" Wenn du diesen Gedanken verlierst, verlierst du deine Fähigkeit und sogar dein Leben! Diese Welt funktioniert nur deshalb, weil der Mensch sich Dinge zutraut, weil er zu sich selbst sagt: „Ich kann!" **Also, denke: „Ich kann!"**

Fähigkeit? Was ist Fähigkeit anders als Dinge zu zerlegen und wieder funktionsfähig zusammen zu setzen, oder Ideen zu ersinnen, die Bestandteile der Welt zu nehmen und ein funktionsfähiges Etwas zu bekommen!

Beharrlichkeit: Seine Ziele Erreichen!
Definition *Beharrlichkeit:*
Zähes Festhalten an der Absicht ein bestimmtes Ziel zu erreichen.

Das Ziel festlegen
Du willst also den richtigen Partner finden.

Der erste Schritt wäre jetzt, dir genau vorzustellen, wie dein Partner auszusehen hat und welchen Charakter er haben soll. Dies schreibst du auf und klebst ein Bild dazu, wie dein Partner auszusehen hat. Das prägst du dir als Bild im Kopf ein. Es mag dir komisch erscheinen, aber du wirst dir genau das physikalische Geschehnis herein ziehen, welches du als Bild im Kopf hast. Dein Gedanke wird Formen annehmen.

Dazu ein paar Beispiele: Ich wollte unbedingt ein Maple Walnut Eis. Nun, es war schon Uhr 20.15 und die Tankstelle bei der es dieses Eis gab, schloss in der Regel pünktlich um Uhr 20.00. Ich stieg also in mein Auto und die Wärterin der Tankstelle wollte gerade schließen! So ein Zufall. Sie meinte, das Eis wäre ihr ausgegangen. Ich sagte zu ihr, dass ich noch mal nachschauen wolle. Die Eistruhe stand im Kundenbereich. Nun, es gab tatsächlich noch ein Eis, das letzte dieser Sorte.

Ich hatte die Idee, mit einem PS starkem Wagen durch Hamburg zu fahren. Ich war tatsächlich in Hamburg und fuhr das Auto meines Chefs. Ein Audi Quattro mit 200 PS.

Im gleichen Moment, in dem du dir deinen Wunsch vorstellst, werden „Gegen-Gedanken" auftreten. Schreib diese alle auf und setze dein Bild erneut hin. Kommen wieder „Gegen-Gedanken", wieder aufschreiben usw. Verbrenne das Papier. Dies dient alleine dazu, dass du dein Ziel wirklich willst. Du wirst Berge versetzen! **Glaube an dich und die Macht deiner Gedanken.** Und werde nicht gleich depressiv, wenn sich deine Wünsche nicht sofort in der materiellen Welt manifestieren, wäre das der Fall, so wärest du Gott in diesem Universum! Andere Leute haben auch Wünsche, funktionsfähige Postulate* liegen in der Größenordnung von Macht – entweder sind viele Leute gegen dich oder es gibt jemand der einfach mehr Power hat als du!

Absicht ist Ursache

Ohne Absicht wird nichts verursacht! Ist die Absicht genommen, dann wird auch nichts mehr getan.

Bleib immer am Drücker. Ruf an, anstatt angerufen zu werden. Lege einen Termin fest, mit Tag, Uhrzeit und sag nicht: „Ja, man könnte ja mal ..."

Du kannst der Spielball im Leben sein oder du kannst mit dem Ball spielen!

Entwickele eine Strategie

Ich war Handwerker und hielt mich sehr beschäftigt. Zum Ausgehen, um jemanden kennen zu lernen machte ich mir keine Zeit. Da ich jedoch eine Beziehung wollte, musste es auch anders gehen. Also kaufte ich mir eine Zeitung für Kontakt-Anzeigen und schrieb – heutzutage geht das Ganze übers Internet etwas einfacher und schneller. Übrigens sind die Leute, die eine Kontakt-Anzeige schalten, daran interessiert jemanden kennen zu lernen.

Die Menschen die du über eine Anzeige kennen lernst, haben genug Mumm eine Anzeige zu schalten. Sie sind in der Lage, die ganzen Vorurteile bzgl. Anzeigen abzulegen und es zu tun! Du wirst feststellen, dass diese Leute in der Regel aufgeschlossen sind und mit dir reden wollen.

Den Brief den du schreibst, ist der Fuß in der Eingangstür. Benutze gut aussehendes Briefpapier mit einem eleganten oder romantischen Motiv. Schreibe den Brief mit einem Kalligraphen. Dies ist ein Füllfederhalter mit einer besonderen Feder zum „Schön-Schreiben". Übrigens kommt das Wort aus *kalos* = schön und *graphein* = schreiben. Schreib keinen Steckbrief, wie: 25 Jahre alt, von Beruf Kaufmann, 1,83 groß und 80 kg schwer. Nein!!!

Besorg dir ein Bild auf dem du fotogen bist, keine Aufreißerpose und nicht zugeknöpft, es sei denn, du willst, dass die Lady genau das von dir denkt!

Auf diese Weise hatte ich bis 90% Rückläufer. Was sich später, beim ersten oder zweiten Date herausstellte, war, dass ich einer der wenigen war, denen geantwortet wurde. Es gab Damen, die erhielten bis 80 Antwortbriefe auf ihre Anzeige und es gab oft nur einen oder zwei Briefe, die tatsächlich das Interesse weckten. Der Rest waren „Steckbriefe". Übrigens bekommen Männer sehr wenige oder keine Antworten auf ihre Anzeigen, Frauen wollen umworben werden.

Halte deinen Brief kurz, du sollst Neugierde erwecken und dich nicht vorstellen, das kannst du später am Telefon. Also, gib dir Mühe mit deiner Schrift, schreibe einen perfekten Brief, ohne Fehler oder Durchstreicher. Benutze das ganze Blatt und nicht nur ein Drittel. Zeige, dass du dir Mühe gibst.

Ich beantwortete alle Anzeigen, die irgendwie interessant waren, bis zu 10 Stück pro Zeitungsausgabe. Halte dir viele Möglichkeiten offen, du weißt nie was sich ergibt.

Vor allem Eines, du darfst nicht aufgeben. Je mehr du schreibst, umso mehr werden dir antworten.

Es gibt mit Sicherheit das eine oder andere gute Taschenbuch über Briefeschreiben oder den Umgang mit dem anderen Geschlecht. Fang an zu lesen, macht Eindruck und gibt dir mit Sicherheit den einen oder anderen guten Tipp.

Der Brief

Schreibe was du wirklich willst, z. B.:

Hallo!
Ich möchte mich endlich wieder verlieben und denke, dass dies mit 35 noch möglich ist.

Mein Wunsch ist eine Partnerschaft, in der man füreinander da ist und gemeinsam durchs Leben geht, ohne sich selbst zu verlieren.

Eine Beziehung ist wie eine Blume, sie wird blühen und gedeihen, wenn man sich um sie kümmert. Und genau dies will ich auch tun: Einen Lebensraum schaffen, in dem dies sein kann.

Viele Grüße
Wolfgang
PS: Einfach SMS oder Brief.

Das erste Telefonat

Gib dich natürlich, gebrauche keine Wörter, die du selbst nicht kennst. Wenn du mit einer ausgewählten Diktion (Wortwahl) aufwarten kannst, halte damit zurück, bis du erkennst, dass der Gegenüber auch darüber verfügt.

Sag das ruhig, dass du aufgeregt bist und auch nicht so genau weißt, was du reden sollst. Jetzt geht es darum, dass Eis zu brechen. Frag sie, was sie gerne über dich wissen möchte. Sie wird fragen und du wirst antworten. Frage sie, welchen Charakter ihr Partner haben soll. Welcher Tätigkeit sie nachgeht, welche Hobbys sie hat, wohin sie in Urlaub fährt oder gerne fahren möchte, in welchem Verein sie ist, usw. Sei aufmerksam und höre zu, wenn sie begeistert bei einem Thema ist, sei interessiert.

Ehrlichkeit und Aufrichtigkeit sollten immer da sein. Definition *„aufrichtig":* **Dem innersten Gefühl der eigenen Überzeugung ohne Verstellung Ausdruck geben.** Natürlich solltest du Taktgefühl zeigen, wenn du aufrichtig bist. Du willst ihr ja nicht gleich auf die Füße treten. Anstatt zu sagen: „Die sind dumm.", geht auch: „Ja, ich glaube in diesem Bereich gibt es noch etwas zu lernen."

Eines ist gewiss, solltest du eine Lüge erzählen, wird sie früher oder später wieder auftauchen. Deine neue Bekanntschaft wird sich auch mit deinen Freunden unterhalten. Vergiss nicht den Namen und die Telefonnummer zu notieren.

Menschenkenntnis?!

„Sobald du es mit einem Menschen zu tun hast, hast du ein Problem!"

Über dieses Thema sollte man brauchbare Daten haben, da allein dieses Wissen für deinen Auf- oder Niedergang bestimmend ist! Nun, so lange der Mensch nicht weiß was er überhapt ist, kann er auch keine Kenntnis darüber haben. Überleg mal, hast du einen Körper oder bist du ein Körper. Oder, wenn du dir etwas vorstellst, wer guckt dieses Bild an? Oder, wenn du Angst hast, wer fühlt diese Angst? Sie ist weder kalt noch warm.

Körper, Kohlenstoff-Sauerstoff-Maschine, läuft mit 37°C. „Analysieren wir den lebendigen und den gerade verstorbenen toten Körper eines Menschen, so finden wir chemisch betrachtet keine Unterschiede in der chemischen Analytik seiner Materie. Jeder Biochemiker wird uns bestätigen, dass die Knochen und die Organe die gleichen sind, ja selbst der Zellbereich und die Moleküle sind unverändert, wenn die Untersuchung zeitnah erfolgt. Das Gewicht ist das Gleiche, sogar die Temperatur kann in etwa gleich sein. Und doch lebt der eine Körper und der andere ist tot; er zerfällt wieder in seine Bestandteile, wird zu Erde und Staub.

Welche Macht und Kraft, ja welche Energie muss dafür sorgen, dass jegliche Materie so geformt und strukturiert zusammengehalten wird, dass sie diesen lebendigen Körper bildet, wie wir ihn kennen? Jeder einzelne von uns hat so viel messbaren elektrischen Strom, der durch seinen Organismus fließt, dass er eine 100-Watt-Glühbirne zum Leuchten bringen könnte." (Vortrag Wasser & Salz von Peter Ferreira)

Mit dem obigen Absatz will ich sagen, dass wir es mit Leben zu tun haben. Und das Leben seine natürlichen Gesetze hat. Wie festgestellt, hat der lebende Organismus Energie. Und dies ist genau der Ansatzpunkt, Energie. Du sitzt in einem Körper und lieferst die Energie, die der Körper braucht. Du bist die Macht und Kraft, welche Materie formt, strukturiert und zusammenhält.

Leider ist der Mensch bei seiner geistigen Talfahrt ziemlich weit unten angekommen. Er denkt mehr, anstatt zu beobachten und schlusszufolgern. Man kann sich den durchschnittlichen Menschen vorstellen wie einen großen Haufen zusammengebundener kleiner Luftballons. Die hereinkommende Kommunikation ist nun wie eine Nadel die irgendeinen Luftballon trifft. Man erhält immer eine Reaktion. Das Problem bei der Sache ist, dass dies ein Reiz-Reaktions-Mechanismus ist und man nicht von einer sachlich, nüchternen Handhabung reden kann. Somit lebt der Mensch mehr in seinem Verstand, als dass er beobachten und Sachverhalte klar erkennen würde.

Beispiel: Meine Freundin nahm innerhalb 6 Monate 25 KG ab. Dazu die etwas hysterische Reaktion einer Bekannten – sie selbst hat ein kleines Gewichtsproblem: „Das ist völlig ungesund in dieser kurzen Zeit so viel abzunehmen. Was passiert, wenn sie wieder rückfällig wird? Und ich möchte auch nicht jeden Tag Salat essen." Ihre Reaktion war einfach ein Platzen jener Luftballons. Im Laufe ihres bisherigen Lebens, hat sie sich selber ihre „Wahrheit" zurecht gedacht. Ihre Aussage bzgl. des Salatessens war reine Mutmaßung. Das Interessante ist nun, dass sie nicht nachgefragt hat, wie meine Freundin das gemacht hat, bzw. welcher Information meine Freundin gefolgt ist. Sie hat einfach nur reagiert.

Noch ein Beispiel: Ich erzählte einer Mutter, deren Sohn in die Schule geht, dass ich wüsste, wie verstehen auf einer für jedermann anwendbaren Technik funktioniert. Ihre Reaktion war nun die Frage, ob dieses Wissen überhaupt vermittelbar wäre. Sie hat sich nicht einmal darum gekümmert, zu erfahren, wie die Technik funktioniert. Sie war Krankenschwester und ich glaube, dass sie von der unmöglichen Fachsprache der Medizin so geprägt war, dass alles andere an Wissen „schwer vermittelbar" sei.

Ein weiteres Beispiel: Thomas hatte sich ein altes Bauernhaus in einem kleinen Dorf gekauft. Im Haus stand ein fast zwei Meter hoher Stahlsafe und er hatte die Info, dass das Ding etwa zwei Tonnen schwer sei. Schwere Angelegenheit. Er ging hin und setze sich mit verschiedenen Firmen in Verbindung um den Safe aus dem Haus und los zu werden.

Ein Bauer kam daher, wackelte und rüttelte an dem Safe, warf ihn hin und rollte ihn auf Rundhölzern an die Tür. Er hievte den Safe mit dem Frontlader des Traktors weg. Der Safe wog keine zwei Tonnen. Es war nur die Info, die Thomas hatte.

Innere Stimme? Einige sind dieser hörig, zum Sklaven geworden. Es wird sich auf diesen inneren Impuls verlassen, ohne den tatsächlichen Sachverhalt untersucht zu haben. Bei der Person geht eine Warnleuchte an und sie läuft davon, lässt die Sache fallen. Es sind in der Regel die einst gemachten schlechten Erfahrungen, die in der Gegenwart warnen und oft die Zukunft entscheiden. Wenn zwei Männer das gleiche Deo benutzen, heißt das nicht, dass die Männer den gleichen schlechten Charakter haben, obwohl die Frau durch den Geruch davon „gewarnt" wird.

Mit etwas einen „Unfall" gehabt zu haben bedeutet nicht, den gleichen „Unfall" in der Zukunft noch mal zu erleben. Menschen und Dinge sind verschieden, Neues zu erfahren bedeutet die Vergangenheit loszulassen, es bedeutet auf die Dinge zu schauen die jetzt sind und keine Vergleiche mit der Vergangenheit zu ziehen. Die Vergangenheit ist vergangen. Sie mag dir ein guter Ratgeber für die Zukunft sein, aber lass dir deine Zukunft nicht durch deine Vergangenheit diktieren. Du musst in der Lage sein das Neue in einer neuen Zeiteinheit erleben zu können.

Als Jugendlicher eine Beziehung zu haben ist noch sehr einfach, man gibt dem anderen einen Kuss, ist verliebt und schon hat man eine Beziehung. Später, als Erwachsener kommen plötzlich Werte ins Spiel. Der Mensch scheint mit zunehmendem Alter komplizierter zu werden. Man hat seine persönlichen Maßstäbe, an denen man abschätzt, ob man sich mit den anderen einlassen soll. Verkompliziert wird das Ganze dadurch, dass man im fortschreitenden Alter über Erfahrung verfügt und diese Erfahrung herangezogen wird um Menschen und Situationen auszuwerten.

So wird die Gegenwart mit der Vergangenheit verknüpft. Man schaut also nicht auf das Jetzt, sondern schaut durch seine Erfahrung auf die derzeitige Situation im Versuch die Zukunft vorauszusagen. Ich meine, du schätzt die Person ein, in der Hoffnung, dass wenn du dich mit dieser einlässt, in der Zukunft nicht auf die Nase fällst, keine schlechte Erfahrung machen willst. Und das einfach deshalb, weil du schon schlechte Erfahrungen gemacht hast und dies wehgetan hat. Zu oft ist man nicht mehr in der Lage Vergangenheit und Gegenwart voneinander zu trennen. So ist der Erwachsene „vernünftig" geworden. Er arbeitet mit einem von schlechten Erfahrungen geprägten Verstand – schau selbst, es ist immer das erste, was einem ins Gesicht springt und das, was sich innerhalb der Gesellschaft wie ein Lauffeuer verbreitet.

Bauchgefühl, innere Stimme – die Katastrophe im Menschen. Es ist nicht zu rechtfertigen, etwas zu verurteilen, was man selbst nicht genau kennt, die Sache nicht selbst erfahren hat. Sei also auf der Hut bei Personen mit einer starken inneren Stimme. Diese leben in ihrer eigenen zurecht gedachten Welt, sehen die

Gegenwart nicht wie sie ist, unfähig vernünftige Entscheidungen zu treffen. Solche Menschen sind oft sehr krank. Und genau das ist der Feind in den eigenen Reihen, der Verstand. Der Verstand mit seinem Inhalt hat die Person vollständig im Griff: **„Der erste Schritt zur persönlichen Freiheit ist Macht über den eigenen Verstand."** Würde der Mensch seine Umgebung beobachten, messen und erfahren, anstatt zu denken, würde diese Welt zu einer besseren Welt werden.

Wenn du nun am Denken bist, werden Ideen kommen. Aber jetzt hängt es von dir ab, welcher Idee du Energie gibst, welche Idee du umsetzen wirst.

Des Weiteren lohnt es sich darüber nachzudenken, wie es möglich ist Dinge zu tun, ohne sich durch Vorschriften, Regeln, „gesellschaftliche Verhaltensnormen" daran hindern zu lassen.

Ein gesunder Geist in einem gesunden Körper. Du kannst tatsächlich die geistige Verfassung der Person am Zustand ihres Körpers bzw. an den Krankheiten der Person erkennen. Auch ihre Besitztümer und ihr Freundeskreis geben Aufschluss.

Ein gesunder Geist hat alle Tugenden, wie Ehrlichkeit, Aufrichtigkeit, hohe Vorstellung von Wahrheit, Hilfsbereitschaft, Einsatzwille, Verantwortung, hohe Intelligenz, Ordnungsliebe, Sauberkeit, Präzision, Gerechtigkeit usw. und ist sehr aktiv. Dieses Wesen ist in der Regel begeistert und hoch motiviert. Es findet das Leben voller Vergnügen und erreicht seine Ziele – weil es keine „Gegen-Gedanken" gibt, die es davon abhält! Dies ist das Sahnehäubchen auf der Torte, jedoch sehr selten zu finden. Es verfügt über sein ganzes Potential, die gesamte Energie.

Je mehr die Person „krank" im Geiste ist, umso mehr nehmen ihre Fähigkeiten, Tugenden ab und sie wird inaktiv, zum Zuschauer. Ihre Energie wirkt nun gegen sie. Man sieht dies an Unordnung, Krankheiten – was eine Art Unordnung ist, nur auf zellularer Ebene -, Unzuverlässigkeit, usw., einfach das Gegenteil von oben. All dies geschieht stufenweise.

„Unordnung zeigt den Grad der Verwirrung im Kopf der Person!"
In der Regel wirst du deine Mitmenschen auf „Langeweile" antreffen. Die Unterhaltung beläuft sich auf alltägliche Dinge und ist nicht sehr „geistreich". Die Gesprächsteilnehmer tun sich etwas schwer beim Einnehmen eines anderen Gesichtspunktes. Je schlechter die Person dran ist, umso mehr stößt man auf Widerstand, gute Ideen werden abgelehnt.

Deine Warnleuchten sollten angehen, wenn eine Person oft ernsthaft krank ist. Hat die Person Drüsenprobleme (endokrine Störungen) oder neurologische Krankheiten, sei doppelt auf der Hut. Sie hat den Impuls zu lügen und zu betrügen, den anderen übers Ohr zu hauen, schlimme Sachen zu verharmlosen. Sexueller Perversionen mag sie nicht abgeneigt sein. Diese Person ist dabei langsam zu sterben und wird dich auf diesem Weg mitnehmen. Hier findest du vorgetäuschte Freundlichkeit.

Bedenke, es gibt starke Drüsenstörungen und schwache, so auch ein starker Einfluss aus dem Verstand oder geringer, je nachdem wie viel Macht die Energie des Verstandes hat oder besser wie viel Ampere fließen! Weiterhin gibt es konditioniertes Sozialverhalten. Hier haben wir die Person mit Drüsenproblemen, welche penibel Ordnung hält. Ein Widerspruch? Nun, wie lange mussten die Eltern auf das Kind einwirken bis es Ordnung hielt, obwohl es gegen die „Grundeinstellung" des Kindes war? Wem traust du nun mehr: Der Person deren natürliches Verhalten Ordnung ist oder der Person die man konditionieren musste um Ordnung zu halten?

In jedem Falle sind Krankheiten eindeutige Zeichen dafür, dass es bei der Person etwas gibt, was nicht in Ordnung ist und ob die Person selbst genügend Pferdestärke hat um gegen den Charakter verändernden Impuls aus ihrem Verstand zu obsiegen, ist fraglich – jedenfalls zeugen die Medien dauernd von Missetaten.

„Stille Wasser sind tief ..." Die Fassade der Freundlichkeit. Wirkliche Ausgeglichenheit und Gelassenheit hat nur unser „Sahnehäubchen", alles andere ist gespielt und die Zeit wird es dir zeigen, dass es so ist.

Kennst du das, dass man jemanden gut riechen kann? Ein weiterer Anhaltspunkt. Die alten Ägypter haben früher nur die Damen in den Harem genommen, die gut rochen (LRH). Die wussten warum. Je mehr eine Person schlecht riechende Körperausdunstungen hat, umso mehr sagt sie dir: „Geh weg". Gilt natürlich nicht bei Knoblauch-Fans. Dies sollten genug Anhaltspunkte sein, um festzustellen, ob man „den Richtigen" gefunden hat, um durchs Leben zu gehen.

Ein sehr guter Anhaltspunkt ist die Kommunikationsfähigkeit. Überleg mal, wenn du zu jemandem sprichst, muss das Gesprochene verstanden, überlegt und ausgesprochen werden. Eine fähige Person macht dies sehr schnell und die Antwort ist logisch – die Energie fließt ohne Widerstand. Je unfähiger eine Person ist, umso länger dauert die Antwort und ist weniger logisch – sie wird von eigenen Gedanken blockiert. Je mehr eine Person frei im Geiste ist, umso weniger hat sie auch das Bestreben Materie anzuhäufen.

Eine Beziehung sollte harmonisch sein. Harmonie bedeutet Einklang. Man sollte also die gleiche Wellenlänge haben wie der Partner. Ist der Unterschied zu groß, werden beide unzufrieden sein, die Beziehung wird nicht halten.

„Wer die Gesundheit erwerben will, der muss sich von der Menge der Menschen trennen; denn die Masse geht immer den Weg gegen die Vernunft und versucht immer ihre Leiden und Schwächen zu verbergen." (Seneca, Philosoph und Rohköstler)

Es gibt nur noch ein paar wenige, welche durch ihre Augen sehen. Der Rest guckt durch den Verstand und sieht die Wahrheit nicht.

Emotion

Was ist Emotion? Durch das Wort selbst scheint wenig zu erkennen zu sein: Emotion = Bewegung. Tatsächlich ist es so, dass der Körper durch Emotion bewegt wird oder die Person selbst durch Emotion bewegt ist. Tod ist keine Emotion. Man könnte einem toten Körper allerlei Hormone, Drogen oder Medikamente spritzen, es findet keine Emotion mehr statt!

Nehmen wir ein kleines Kind, welches sich noch unbefangen von den gesellschaftlichen Mustern emotional verhält. Nehmen wir an, das Kind möchte ein Stück Schokolade. Es kommt also voller Begeisterung zu den Eltern um ein Stück Schokolade zu haben. Es wird abgewiesen. Die ursprüngliche Begeisterung fällt und das Kind wird etwas zurückhaltender. Die nächste Bitte wird erneut abgewiesen. Nun flacht das Interesse ab, und das Kind wird wütend, schreit oder fängt zu heulen an. Bleiben die Eltern hart, wird das Kind aus lauter Trotz oder Resignation (Apathie) keine Schokolade mehr wollen – zumindest in diesem momentanen emotionalen Zustand. Wahrscheinlich wird es kurze Zeit später erneut nach etwas süßem fragen, wenn es sich wieder aus der unteren Emotionsebene erhoben hat.

Es gibt also einen emotionalen Bandbereich, den die Person tagtäglich durchlebt: Erfolge oder gute Nachrichten heben das Emotionsniveau an. Verluste, Niederlagen, schlechte Nachrichten senken das Emotionsniveau ab. Im Laufe der Zeit sinkt das allgemeine Emotionsniveau der Person aufgrund vieler schlechter Erfahrungen oder wegen nur eines Schicksalsschlages und sie scheint im unteren Bereich stecken zu bleiben. Jedenfalls bewegen sich Erwachsene auf einem anderen Emotionsniveau als Kinder. Schau es dir an, wer kann mehr Begeisterung für eine Sache zeigen als ein Kind?

Eine Skala der Emotionen (LRH): Begeisterung, starkes Interesse, Konservatismus*, Langeweile, Antagonismus*, Wut, Angst, Gram, Apathie*, Tod – dies als kurze Darstellung, ohne die Feinheiten aufzuführen. Jede Emotionsstufe hat ihre ganz bestimmten Eigenarten, wie Denken, Handeln, Zustand des Körpers usw. – der Organismus wird von Adrenalin geflutet, wenn man wütend ist, um körperliche Energie zu aktivieren.

Tatsächlich ist es ein ganzer Abschnitt eines Studiums, dargelegt in den Büchern von L. Ron Hubbard über einige tausend Seiten. Ich möchte mich an dieser Stelle nicht in spezialisiertem Wissen ergehen, um Emotion wissenschaftlich zu beleuchten. Es genügt schon mal einfach, wenn man selbst beobachtet und an sich selbst feststellt, dass es Emotion gibt!

Emotionen sind messbare Werte, es sind Wellenlängen. Man hört an der Stimme des anderen, ob dieser begeistert, gelangweilt oder wütend ist. Bei genauer Betrachtung muss man davon ausgehen, dass die Stimmbänder in eine exakte Bewegung versetzt werden müssen. Es liegt also ein Energieimpuls an den Stimmbändern an, der die Bewegung verursacht – so auch die Herzfrequenz.

Leider ist die konventionelle* Wissenschaft nicht soweit, um eine plausible* Theorie darzustellen, da über elektrische Energie sehr wenig funktionsfähiges Wissen existiert. Die Stimmbänder werden schwach elektrisch angesteuert, es ist ein Impuls*! Wäre elektrische Energie „freie Leitungselektronen*" oder Photonen*, wäre eine präzise Steuerung nicht möglich. Es ist eine direkte Steuerung, wie das vorwärts oder rückwärts Bewegen eines Hebels, wäre dies nicht der Fall, hätte man keine präzise Steuerung! Auf diese Weise wird das komplette neurale* System gesteuert, inkl. die Drüsen.

In der Medizin hört man, dass Hormone Gefühle verursachen. Es ist genau anders herum. Die Drüsen müssen erst den Energieimpuls erhalten bevor sie Hormone ausschütten. Erst muss die Person wütend werden, bevor der Körper sich der „Wellenlänge Wut" anpasst. Würde man die Person als Funktion und den Körper als Struktur bezeichnen, steht die Funktion oberhalb der Struktur, also Geist über Materie. „Hach", denkt sich der Mediziner: „Was ist bei einer Verletzung?" Erst kommt ja mal der äußere Impuls, der die Abwehrmaßnahmen des Körpers aktiviert! Was bedeutet, dass die Struktur auf die Funktion einwirkt." Na ja, wie gesagt: Ein toter Körper tut nichts mehr, auch wenn man ihm ein Bein amputiert. Bei einer Verletzung „meldet" der verletzte Bereich die Verletzung durch einen Impuls – man bedenke, der Körper ist ein organisierter Zellverband, in dem durchaus jede einzelne Zelle* für sich lebt. Dieser Impuls wird wiederum ausgewertet und ein anderer Impuls vom Kontrollzentrum (die Person, **nicht** das Gehirn) zur Einleitung der Gegenmaßnahmen gesendet.

Genug der Theorie! Ich meine, der Mensch will einen Messwert und eine Erklärung dazu haben, warum die Dinge sind, einfach nur zu glauben mag er nicht, er braucht eine solide Bezugnahme.

Um was geht es mir wirklich? Nun, der Mensch erzieht seinesgleichen dazu, seine Emotionen nicht auszuleben: „Ein Indianer kennt keinen Schmerz", „Deutsche Jungs weinen nicht", „Wer wütend ist, hat sich nicht im Griff!"

Emotionen sind ein „Katalysator"* für die Erlebnisse dieser Welt. Wenn jemand wütend ist, soll er wütend sein, wenn jemand traurig ist, soll er weinen! Er wird solange weinen oder wütend sein, bis sich der Energieimpuls vollständig erschöpft hat. Er wird durch das Ausleben einer Emotion sich in die nächst höhere Emotionsstufe bewegen, bis hin zur heiteren Gelassenheit, was oberhalb von Begeisterung angesiedelt ist. Wird die Emotion nicht ausgelebt, erschöpft sich der Energieimpuls nicht, welcher weiterhin auf den Körper einwirken wird ... hier habt ihr es: *Mens sano in corpore sana**!

Der körperliche Zustand ist ein direkter Anzeiger für den emotionalen Zustand. Leute in einem emotionalen Zustand von Angst sind häufig krank, haben Drüsenprobleme und das Leben erscheint düster. Es wird viel Geld für soziale Sicherheit ausgegeben. Die Umgebung ist unordentlich – wie der Verstand. Es zeigt sich eine Neigung zur Verantwortungslosigkeit, eher bereit Dinge hinzunehmen, anstatt etwas zu unternehmen. Hier sei anzumerken, dass Erziehung ein beeinflussender Faktor ist. Erziehung ist eigentlich übergeordneter Druck. Die Eltern arbeiten solange an ihrem Kind, bis es „erzogen" ist – so die Regierung mit dem Bürger. War der Druck groß genug und lange genug, wird dieses Verhaltensmuster entgegen der „natürlichen Ausrichtung" übernommen.

Die Emotion Angst hat eine ganz bestimmte Funktion, man wird hellhörig, die Sinne schärfen sich. Die Konzentration verbleibt fest bei den Wahrnehmungen. Die äußere Ordnung spielt keine oder eine geringe Rolle, da „Gefahr" im Verzug ist, bedenke, die Person hat Angst! Hände und Füße werden feucht, um die Griffigkeit auf den Untergrund zu erhöhen, dienlich zu einer besseren Flucht, sei es nun auf einen Baum oder zum Wegrennen. Erkennen ob eine Person in einem „ängstlichen" Zustand ist ... Körpergerüche wegen Schweißabsonderung. Es ist nicht zu erwarten, dass diese Person rational denkt, sie hat nun mal Angst!

Die Umgebung ist eigentlich der bestimmende Faktor für die Haltung des Organismus der Situation gegenüber. Bei Wut werden Kräfte aktiviert die man „normal" nicht hat, man neigt dazu anzugreifen oder sich hart zu verteidigen.

Langeweile wiederum entspannt das ganze körperliche System, die Aufmerksamkeit zerstreut sich. Wohingegen sich die Aufmerksamkeit bei „Interesse" erneut fixiert, diesmal aber auf rationeller Ebene, zum Auswerten einer Information oder Situation. Interesse liegt im oberen Bandbereich. Ganz grob könnte man die Emotionsstufen ins Verhältnis zu freier geistiger Energie setzen. Je tiefer die Stufe umso weniger geistige Fähigkeit und Tugend, je höher umso verantwortlicher, fähiger die Welt in ihrer Gesamtheit erkennen zu können, fähig die einzelnen Teile davon unterscheiden zu können und entsprechend zu handeln. In unberührbarer Gelassenheit da zu sitzen und nichts zu tun, was einige für heilig halten, hat wahrlich nichts mit geistiger Gesundheit zu tun!

Der Grund für die Emotionen des Organismus mag vollständig in der Evolution liegen, basierend in der Zeit von „Zähne und Klauen", wo es darum ging, den Organismus gegen angreifende Fleischfresser zu verteidigen. Und wohlgemerkt, ich spreche vom Organismus, Tiere haben Emotionen, sogar Pflanzen. Es ist das „Leben" was die Emotion zum Ausdruck bringt in der Absicht den Organismus zu schützen oder in der jeweiligen Situation emotionell richtig zu reagieren ... wirkliche Vernunft ist nur in Gegenwart von Ausgeglichenheit und Gelassenheit zu erwarten, nicht unter Druck!

Nun sind wir aus der „Zähne und Klauen"-Zeit ausgestiegen, dieselben Emotionen jedoch noch immer wirksam. Das obige ist nur ein schwacher Einblick dazu, wie das Leben durch Emotion auf den Organismus einwirkt. Ein schwacher Einblick, um einen Hinweis zu geben, dass auch dies verstanden werden kann, der Mensch als lebendes Wesen verstanden werden kann, wenn er Emotion zum Ausdruck bringt und sich aufgrund von dieser verhält und entscheidet. Also, zum Abschluss, um es nochmals zu betonen: **An Emotionen ist nichts verkehrt, sie sind ein Teil vom Leben, durchlebe sie!**

Liebe

Ach ja, Liebe, beinahe vergessen. Nun, was ist das überhaupt? Ich glaube es gibt keine Sache, die dem Menschen wichtiger erscheint. Du liebst die Dinge, die du am meisten haben möchtest. Man würde fast alles tun, um das zu bekommen, was man am meisten liebt. Es ist ein Gefühl, eine Empfindung, die dich in eine höhere Ebene zu heben scheint. In eine Ebene von Glück, Hoffnung, Beseeltheit – der Himmel auf Erden.

Und doch, dieses Gefühl entspringt aus dir selbst, es ist nur so, dass du die Ursache falsch zuordnest, dass dir dieses Gefühl von etwas oder jemand anderen gegeben wird. Empfindung, Liebe ist keine irdische Sache, sie besteht nicht aus Materie, ebensowenig ist es eine Sache Gottes, er gibt dir die Empfindung nicht. Es ist etwas, was mit dir selbst zu tun hat.

Allerdings wird das Wort Liebe am meisten interpretiert, falsch verwendet und falsch verstanden. Um das Wort völlig zu entzaubern: „lieben" von der Herkunft her bedeutet „jemandem etwas angenehm machen". Schau nun selbst, es ist ein Einfaches, die angenehmen Seiten des Lebens „zu lieben". Grundlegend gibt es drei Arten (LRH):

1. Der rein sexuelle Impuls. Das ist dieses „Liebe auf den ersten Blick". Es kann ein sehr starkes Gefühl sein. Aber leider ist dieses Gefühl kein Garant für eine dauerhafte Beziehung. Funkt man wirklich nicht auf ähnlicher Wellenlänge, wird sich die anfängliche starke Zuneigung ins Gegenteil kehren. Das kann sich über Jahre hinziehen, man wird von Tag zu Tag etwas mehr unglücklich.

2. Zwanghafte Liebe. Man hat den Zwang zu einem Partner, obwohl man von diesem misshandelt und betrogen wird. Dieses Gefühl ist ein Zeichen dafür, dass ein Gedanke Macht über die Person hat. Der Gedanke befiehlt und die Person gehorcht.

3. Wirkliche Zuneigung. Dies erreicht man nur wenn die Chemie stimmt. Die oberste Maxime* zum Aufrechterhalten der Harmonie ist gute Kommunikation. Man kann sich wirklich über alles unterhalten und wird verstanden. Allerdings braucht man dazu zwei Wesen in guter Verfassung. Die Scheidungsrate der heutigen Gesellschaft zeigt, dass dies nicht so ist.

Man sollte wirklich aufpassen, dass man von diesem Gefühl nicht an der Nase herumgeführt wird. Denke nicht mit deinen Genitalien, sondern darüber wie du mit deinem Partner das Leben leben kannst, ohne auf die Schnauze zu fallen. Bedenke, Liebe nimmt Freiheit. Manch einer wird in einer Beziehung unglücklich, weil er zu viel von seiner Freiheit aufgegeben hat. Nichtsdestotrotz kann man eine glückliche Beziehung führen und sonstige Interessen pflegen, man muss erst mal mit sich selbst klarkommen, also seine Zeit einteilen und mal Beziehung Beziehung sein lassen – davon abschalten.

Apropos, Definition von *„Liebe",* (LRH): **„Das Verlangen den gleichen Raum einzunehmen wie der andere."** Dies wäre das Maximum an Liebe, aber auch hier gibt es eine Abstufung, eine Gradientenskala. Das Gegenteil davon wäre Hass und wenn du jemanden wirklich hasst, wirst du einen großen Bogen um denjenigen machen oder ihn gar bekämpfen. Somit hat Liebe und Hass viel mit Raum zu tun.

Es gibt noch ein altes Wort zu diesem Thema: Affinität. Affinität könnte man als Zuneigung bezeichnen. Sie ist genau das, was eine Beziehung zusammenhält: Zuneigung. Das Gegenteil davon wäre Abneigung. Neigt man sich einer Person ab, hat man keine gute Beziehung. Zuneigung hat viel mit Gemeinsamkeit zu tun. Hat man mit jemandem etwas gemeinsam, neigt man sich ihm zu. Ist niemand da, mit dem man etwas gemeinsam hat, ist man einsam. Übereinstimmende Interessen zu haben, spricht für Gemeinsamkeit. Nicht übereinstimmen, Streit spricht für Einsamkeit. **Das einzige was diese Welt, dieses Universum zusammenhält ist Affinität – auch auf molekularer Ebene.**

Attraktivität und Charakter

Ich glaube was Charakter anbelangt, ist die obige Ausführung mehr als ausreichend. In der zweiten Dynamik* geht es letztendlich um den Erhalt der Rasse - rein biologisch ausgedrückt.

Wie heißt es so schön: „Man isst auch mit den Augen." Also, haltet euch attraktiv. Attraktiv heißt anziehend, wobei wir wieder bei dem Thema „Zuneigung und Abneigung" wären. Man bekommt dann Lust auf etwas, wenn es einem gefällt, wenn es einem Freude bereitet.

Schmackhaft zu sein hat damit etwas zu tun, dass man sich um seinen Körper kümmert. Meine Freundin ist ein glänzendes Beispiel. Sie war unzufrieden in der letzten Beziehung und hatte ein paar Pfunde zugelegt. Sie wog 103 kg um genau zu sein. Die durchgeführten Diäten hatten kein Erfolg und sie hatte auch Einbußen ihrer Lebensqualität dadurch, dass sie sich nicht richtig satt essen konnte und nicht das essen konnte was sie gerne aß. Ich schlug ihr „Fit for Life" als Lektüre vor, da wir ja wissen, bevor man etwas tut, macht man sich schlau. Dieses Buch vermittelt eine Lebenseinstellung und Kerstin ist noch immer total fasziniert. Sie kocht mit Freuden und kann auch so viel essen wie sie mag. Ihr Gewicht jetzt? Von 103 kg in

2000 auf 57 kg in 2003 – Gewusst wie!! Sie ist auch ganz stolz auf sich, - mit Recht. Sie sagte mir, dass das andere Geschlecht nun auch den Kopf nach ihr umdreht – kein Wunder! ☺

Schönheit wird nur zu oft mit Frauen in Verbindung gebracht. Doch auch Männer können attraktiv sein. Man muss halt was tun. Wie schon erwähnt, das Problem beginnt im Kopf und man sieht es am Körper!

Der Wert von Schönheit als Thema bedarf eigentlich eines eigenständigen Werkes, um es ausreichend zu erschöpfen. Schönheit oder Ästhetik scheint für den Menschen den größten Wert zu besitzen. Von der Wirkungsseite* aus betrachtet könnte man es auch als „gefällig" bezeichnen. Die Sache ist ganz einfach, man umgibt sich mit den Dingen die einem gefallen, wenn einem etwas nicht mehr gefällt, wird man es los.

Der Mensch versucht erst mal sich selbst zu gefallen. Er mustert sich vorm Spiegel um irgendwie gut auszusehen. Ich meine, schau es dir an, die Frauen schminken sich und wählen besondere Kleidung und Schuhwerk. Jungs tun fast das Gleiche, nur bei denen soll es „cool" sein, um ein Wort aus dem heutigen Jargon zu benutzen.

Charakter*? Die Person besteht darauf so genommen zu werden wie sie ist? Mmh, vielleicht sollte man das überdenken. Was ist wenn es dem anderen ganz und gar nicht gefällt?

Bedenke, Schönheit ist das etwas, mit dem sich jemand am leichtesten fangen lässt, man will sie haben! Auf den zweiten Blick wird man den Hintergrund erkennen: Bewunderung. Schönheit und Bewunderung geben sich die Hand. Wenn man Dinge als schön empfindet, bewundert man sie, somit hat Bewunderung die höchste Kraft. Bewunderung hat eine sehr große Bandbreite, man kann für vieles bewundert werden, sei es nun Schönheit, Leistung beim Sport oder Charakter. Man liebt die Dinge, die man bewundert.

Ein paar Worte zu „Leben"

Das Leben besteht aus acht Antriebskräften oder Dynamiken. (LRH)

Die **erste Dynamik** bist du selbst, mit deinen ganz persönlichen Zielen und Absichten. Dies wäre die Eigendynamik.

Die **zweite Dynamik** ist Fortpflanzung. Das beinhaltet das andere Geschlecht und das Aufziehen von Kindern.

Die **dritte Dynamik** ist die Gruppendynamik. Dein Arbeitsplatz, dein Fußballclub oder eine Ortschaft oder eine Nation als solche kann man als Gruppe bezeichnen. Du lebst mit und durch eine Gruppe.

Die **vierte Dynamik** ist die Menschheit. Da gehörst du auch hin und du würdest die Menschheit als solche bei einem Angriff durch „Außerirdische" verteidigen.

Die **fünfte Dynamik** wären untergeordnete Lebewesen, wie Tiere und Pflanzen. Dies ist ein weiterer Teil dieser Welt. Und du lebst mit ihnen und durch sie.

Die **sechste Dynamik**, die Materie-Dynamik. Dies ist der Boden auf dem du stehst, das Haus in dem du wohnst und das Auto, das du fährst.

Die **siebte Dynamik** bist du als geistiges Wesen, der Teil der alles organisiert und zusammenhält.

Die **achte Dynamik** ist Gott oder Unendlichkeit.

Jeder Mensch hat alle diese Antriebskräfte. Er hat nur für die eine oder andere mehr Vorlieben. Würde man aber hingehen und eine dieser Dynamiken vollständig entfernen, würde der Mensch als solcher zu Grunde gehen. Genau deswegen, sollte man auch darauf achten, dass jede dieser Dynamiken erhalten bleibt. Und das erzielt man nur wenn man Zeit investiert und sich darum kümmert – also nicht nur arbeiten oder nur bei der Freundin rumhängen!

Beschränkt man sich auf nur eine oder zwei Dynamiken, geht der größere Teil des Lebens verloren. Jede Dynamik hat ein Recht auf Existenz. Eine Dynamik aufzugeben, heißt sich selbst aufzugeben.

Leben auf den Dynamiken hat vier wesentliche Punkte:

1. Wissen
2. Vertrauen
3. Gewinnen
4. Frei sein von

Nun, setzen wir das in die Praxis um. Du wirst natürlich nur in dem Maße vertrauen können, wie du etwas darüber weißt. Gewinnen bedeutet nun, dass wenn du „Ja", zu etwas sagst auch „ja" meinst und wenn du „Nein" sagst auch „nein" meinst. Du musst zu dir selbst stehen und dich nicht an der Nase herumführen lassen.

„Frei sein von", bedeutet, dass du dich von dem Teil trennen kannst, den eine Dynamik ausmacht. Stellst du vielleicht fest, dass dein jetziger Job anderen Schaden zufügen wird und du vielleicht ins Gefängnis wandern wirst, musst du dich von diesem Job lösen. Du wirst davon frei sein. Selbstverständlich wirst du auch etwas anderes tun können.

Trenne dich von den Dingen die dir mehr schaden als nutzen!

Das Gleiche gilt für eine Beziehung. Es gilt für alle Dynamiken. Der Wissensbereich, der sich mit diesen Antriebskräften beschäftigt, nennt man Ethik. Die Ethik hat ihre eigenen Gesetzmäßigkeiten und zeigt einem wie ein glückliches Dasein möglich ist.

Austauschfaktoren

Austauschfaktoren gibt es vier an der Zahl (LRH):

1. **Nehmen ohne zu geben.** Dies macht ein Dieb oder Krimineller
2. **Viel nehmen, wenig geben.** Nicht mehr ganz so kriminell, aber unfair. Machen

Regierungen oder die Großindustrie.

3. **Fairer Austausch.** Man nimmt so viel wie man gibt. Findet man bei guten Handwerkern.

4. **Etwas mehr geben als nehmen.** Dazu gehört ein gutes Produkt, schnell geliefert mit einem freundlichen Service. Man orientiert sich an den Wünschen des Kunden, wobei die Extras auch bezahlt werden. Man kann ein Auge zudrücken.

Auf- oder Niedergang hängen von den Austauschfaktoren ab. Du bestimmst ob du durch Nr. 4 leben kannst wie die Made im Speck oder ob du durch Nr. 2 langsam zu Grunde gehst. Die Austauschfaktoren finden in jedem Bereich menschlichen Wirkens Anwendung: In der Liebe, der Gesellschaft, Politik, beim Doktor oder sogar beim Schreiben eines Briefes.

„Vernunft", Definition:

(1.) Das Tun oder Unterlassen von Aktionen, die dir und deinen Symbionten auch in Zukunft mehr Vorteile als Nachteile bringen. (2.) „Vernunft ist das Führen eines Organismus entlang den acht Dynamiken in Richtung Vergnügen." (LRH)

Die acht Dynamiken kennst du ja schon. Organismus, ist der Körper, den du dir geschnappt hast und durch Raum und Zeit führst. Dies wäre die Definition von Leben – ohne dich kein Leben! Leben macht dann Spaß, wenn man motiviert ist. Man ist dann motiviert wenn man Vergnügen hat oder darauf hin arbeitet.

Du bist dieser Welt und deinen Mitmenschen ein Freund, wenn du vernünftig bist.

Hätte man nur Unterdrückung, Schmerz und Verluste wäre man nicht motiviert. Man wäre lustlos und hätte keine Freude am Leben. Übrigens, Unterdrückung macht krank. Ein gutes Wesen in einer unterdrückerischen Umgebung verliert seinen Wert.

Also, sei vernünftig und kümmere dich darum, dass du Spaß am Leben hast! Aber bedenke: Über allem Dasein schwebt das Schwert der Ethik. Ethik ist etwas, was man selbst hat. Verstößt man dagegen, gibt es einen Richter der keine Gnade kennt, **du selbst – Unfälle und Missgeschicke passieren nicht umsonst! Zusätzlich, wenn deine Ethik versagt tritt Recht auf den Plan.**

Verantwortung

„Dafür zu sorgen, dass Dinge einen guten Verlauf nehmen"

Dafür zu sorgen bedeutet, dass man effektiv etwas tut und nicht nur darüber spricht! In Verantwortung steckt das Wort „antworten", im Wörterbuch findet man in der Herkunft des Wortes „eigentlich: beantworten". Nun, man kann nur dann etwas beantworten, wenn man etwas darüber weiß! Somit besteht ein direktes Verhältnis zwischen Wissen und Verantwortung. Hat man nun Wissen über eine Sache oder weiß über eine Sache Bescheid, kann man mit ihr umgehen, man kann sie kontrollieren.

Nehmen wir als Beispiel ein Auto. Es ist bekannt, dass ein Auto Öl verbraucht. Es ist auch bekannt, dass der Motor ohne Öl kaputt geht. Also könnte man sagen, dass der Bediener dieses Autos die Verantwortung für den Ölstand des Motors hat. Ist kein Öl mehr im Motor, geht dieser kaputt.

Dies ist ein einfaches Beispiel dafür, wie der Bediener einer Sache für etwas verantwortlich ist. In dem Maße wie er verantwortlich ist, sollte er auch haftbar sein, das heißt: Wenn er Schaden verursacht, sollte er ihn wieder gut machen.

Verantwortung erwächst durch Wissen, es ist etwas, was man hat. Man kann diese Verantwortung auch nur tragen, wenn man weiß. Jemandem zu sagen, er sei jetzt für dies und jenes verantwortlich (haftbar), kann nur funktionieren, wenn die Person darüber ausgebildet ist.

Rätselhaft ist natürlich, wenn man jemand zum Verteidigungsminister ernennt, der zuvor nicht über einen längeren Zeitraum in entsprechender Position in einer Armee gedient hat oder einen Verkehrsminister ernennt, der nicht mal ein paar Jahre als Fahrlehrer gearbeitet hat. Die Jungs kennen sich nicht aus, sie können durch Ihre „Berater" an der Nase herumgeführt werden. Inkompetent. Ähnlich ein Lehrer, wie kann er „ausbilden", ohne grundlegendes Wissen über den Verstand und Verstehen.

Übrigens sollte jeder, der einen Posten übernimmt eine Niederschrift über den Job erhalten und zwar mit allen Details, auch die Leute die zum Ausführen der Arbeit notwendig sind, sind aufgeschrieben. Diese Niederschrift wird natürlich von der Person geschrieben, die den Posten zuvor hatte.

Ein Arbeitnehmer wird nur in dem Masse exakt arbeiten können, wie er jeden einzelnen Handgriff gelernt und eingeübt hat. Es nutzt nicht zu sagen: „Verputze diese Wand!", sondern vormachen und erklären **wie** die Arbeit getan werden kann. Leitsatz: **„Etwas dauert zu lange, irgendetwas geht fürchterlich verkehrt."**

In einer Zivilisation mit komplizierter und teurer Technik können Fehler fatale Folgen haben, sei es nun bei einer Tätigkeit oder in der Ausbildung. Wenn jeder seine Verantwortung trägt oder Dinge weitergibt die in einen anderen Verantwortungsbereich hineinreichen, kann ein Miteinander sein und ein System funktionieren.

Ach ja, mit erhobenen Haupte und geschwollener Brust dazustehen und zu verkünden: „Ich übernehme die volle Verantwortung!", dann das Handtuch zu werfen, in dem man den Job aufgibt, ist keine Verantwortung, sondern Fahnenflucht*, wie es die Obrigkeit in der Regel praktiziert. Diese sollten wahrlich zur Rechenschaft gezogen werden, inklusive Privatvermögen und wirklich zusehen, den angerichteten Schlamassel wieder gut zu machen und nicht noch eine millionenschwere Abfindung für ihre „Dienste" kassieren – wo sind wir bloß hingekommen?! Die andere Backe auch noch hinhalten?

Es ist in der Tat so, dass „Deine Sünden sind dir verziehen" eine dekadente* Gesellschaft hervorbringt. Man sollte zusehen den Schaden zu ersetzen, den man verursacht hat. Weiterhin hat sich gezeigt, dass „Sünden" wie in der katholischen Kirche dargestellt, nicht viel mit richtig und falsch gemein haben. Was sich bei mentalen Prozessen aber bewiesen hat, ist, dass wenn man Schlechtes tut, einem Schlechtes widerfahren wird. In dem man Verantwortung übernimmt, es umsetzt, kann man sein Schicksal bestimmen, schlechtem Karma* entgegenwirken.

Verantwortung, vollständige Definition: **Das Erkennen eines Missstandes und das Hervorbringen einer konstruktiven* Idee im Hinblick auf Vernunft.**

Die Entscheidung zu fällen den Missstand* zu beheben und die Idee umzusetzen, was beinhaltet, dass man die Konsequenzen aus seiner ursprünglichen Handlung vollständig übernimmt und solange am Missstand arbeitet, bis ein zufriedenstellender Abschluss erreicht worden ist.

Dies gilt nicht nur wenn einem ein Fehler unterlaufen ist, sondern für das Ausüben jeglicher Tätigkeit, bzw. dem Umgang mit Menschen und Materialien. Routinemäßige Arbeiten unterliegen ebenso der Verantwortung wie der Vernunft der Person, die diese Arbeiten verrichtet.

Na, wie wärs wenn jeder von uns die vollständige Definition von Verantwortung als Lebensgrundsatz beherzigen würde? Was für eine Welt hätten wir dann?

Verantwortung in einer 2D? Man sollte etwas Verstehen über den Menschen haben, warum er so denkt wie er denkt und warum er so handelt wie er handelt. Man weiß schon sehr viel über das Gestalten einer gesunden Beziehung, wenn man die Ziele und Absichten des Partners kennt, welche dieser mit und durch eine Beziehung zu erreichen versucht. Kann man nun seine eigenen Ziele und Absichten mit denen des Partners in Einklang bringen, so muss man nur noch daran arbeiten!

Glücklichsein:

„Das Überwinden von nicht unbekannten Hindernissen auf ein bekanntes Ziel."(LRH) Denke mal daran, wie es war, als der Prüfer zu dir sagte, dass du die Prüfung für den Führerschein bestanden hattest. Du warst glücklich! Du kannst dir deine eigenen Ziele setzen und diese erreichen. Es ist dein Handeln, dein Tun, es ist das, wie du dein Morgen, deine Zukunft bestimmst, nicht mehr und nicht weniger!

Deine Zukunft? Sie liegt in dir, sie liegt darin, was du für Morgen geplant hast und du erreichen willst. Wenn du alle Ziele erreicht hast, dann hast du keine Zukunft mehr, stecke dir neue Ziele, die du erreichen willst! Leute die kurz nachdem sie in Rente gingen starben, starben genau aus diesem Grund: Es gab keine Aufgabe mehr, es gab nichts mehr was sie erreichen konnten!

Und hey, es wird keiner vorbeikommen und dir einen Eimer voller Glück bringen, du musst selber daran arbeiten.

Glücklichsein und Freiheit?

Schau, Glücklichsein beginnt mit der Bestrebung etwas zu haben. Wenn man es dann hat, gibt es zweierlei Empfindungen: Frohsein es zu haben und die Besorgtheit es zu verlieren, was dem eigentlichen Glücklichsein etwas bitteren Geschmack verleiht. Letztendlich werden Dinge verloren und man ist unglücklich.

Was lernen wir daraus? Ist es erstrebenswert allem zu entsagen, um im Leben keinen Verlust zu widerfahren? Sich wie ein Jogi unter einen Baum zu setzen, zu meditieren und einen Arm* hochzuhalten bis er abstirbt, am Leben selbst völlig vorbeizugehen?

Leben bedeutet für das Leben da zu sein, vernünftige Arbeit zu vollbringen, damit das Leben leben kann! Es bleibt einem nichts anderes übrig, als die Begebenheiten im Leben zu erfahren, jedes Glück und jeden Schmerz.

Die eigentliche Fähigkeit liegt in der Fähigkeit zur Freiheit selbst. Freiheit bedeutet, dass man das Etwas, was einen glücklich macht, nicht haben muss. Es haben zu müssen und es nicht zu bekommen ist unendliches Leid. Es ist die Gier die aus geistiger Armut erwächst nichts anderes oder nichts zu haben. Nichts daran verkehrt etwas zu haben, aber viel daran verkehrt von etwas „abhängig" zu sein und Allmögliches zu tun, um es irgendwie behalten zu können!

Glücklichsein liegt darin immer wieder Neues zu erschaffen, Neues erleben zu können und der Fähigkeit Altes loszulassen – es ist ein mentaler Prozess, eine Arbeit mit den Gedanken. Dein Glück, deine Freiheit liegt in den Gedanken selbst.

Unglücklich

Die Person ist unglücklich geworden? Ihr ist das Lachen vollständig vergangen? Nun, sie musste zu viele Verluste und Ablehnung hinnehmen. Es wurde ihr versagt Dinge zu erleben. Eine Welt mit glücklichen Menschen haben? Na, finde heraus was den Menschen glücklich macht und gib ihm die Möglichkeit es zu erreichen! Und hey, bekommst du nicht jedes Mal etwas von dem Glücksgefühl ab, wenn du jemanden glücklich machst?

Des Menschen Wille ist sein Himmelreich

Was ist des Menschen Wille? Woraus ergibt er sich? Der Körper allein ergibt eine gewisse Notwendigkeit. Dieser soll temperiert gehalten sein, gefüttert werden und vor den Gewalten der Natur geschützt sein. Ein sexueller Impuls soll auch dafür sorgen, dass die Art an sich erhalten bleibt.

Na, das wäre eigentlich alles, was es zu sagen gibt! Dass es dann doch nicht so einfach ist, hat wohl jeder gemerkt. Es gibt da etwas, was die Temperatur fühlt, den Geschmack des Essens beurteilt, sich schön kleiden will und bei der Wahl des Partners sehr pingelig ist. Es ist die Person selbst, welche entscheidet was sie will. Nur, aus welcher Grundlage heraus entscheidet sie? Sie entscheidet sich zwischen den Dingen, worüber sie etwas weiß und wovon sie denkt, dass diese ihr Freude bereiten und keinen Schaden bringen.

Glaub nicht, dass diese zwei Begriffe wie Freude und Schaden unbedacht gewählt sind, auch wenn es sich noch so plump anhören mag. Schau dich doch mal in deiner Umgebung um. Jeder Artikel erfüllt eine Aufgabe, der Kugelschreiber, das Blatt Papier, der Stuhl, das Bett und auch dein Lebenspartner mit dem du die Zeit teilst. All diese Dinge sind dir Freund, weil sie dir dienen. Jetzt stell dir vor, diese Sachen würden genau das Gegenteil tun, was du von diesen erwartest: Katastrophe! Somit kannst du die Grundlage der Entscheidung genau aus Freude und Schaden heraus fällen!

Wenn du dir nun etwas zulegen willst oder etwas unternehmen willst, wirst du sehr darauf bedacht sein, dass es **sicher** ist oder irgendwie versuchst es sicher zu machen! Ich meine, du willst dein Geld haben, wenn du dafür gearbeitet hast. Du willst, dass die Schuhe halten, es sich bequem in ihnen gehen lässt. Das Hotel für deinen Urlaub soll das halten, was das Prospekt verspricht und keine Baustelle sein! Du willst Sicherheit, Sicherheit darin, deine Vorstellungen ausleben zu können. Deine Vorstellungen: Das etwas, woraus sich dein Wille ergibt!

Neulich unterhielt ich mich mit meiner Zahnärztin. Sie meinte, reihenweise kämen die Leute zu ihr und wollten ihre Amalgamfüllungen* aus den Zähnen loswerden. Meine Zahnärztin meinte darauf hin: „Ich lasse meine Patienten frei entscheiden!" „Na", sagte ich zu ihr: „Aufgrund welcher Information?!"

Tatsächlich ist wissenschaftlich nicht unbedingt wissenschaftlich, weil ständig jemand eine neue Theorie erfindet, die sowieso keiner mehr versteht – ein Wissenschaftler äußert ein schlimmes Wort, bringt eine „plausible Theorie" dazu hervor und alle fangen an am Rad zu drehen: Massenmedium Fernseher! Was siehst du in dieser Kiste genau? Gefahr, eine Theorie um dich zu schützen, dir Sicherheit zu geben und natürlich das Produkt dafür! ... Meinungsmache und Manipulation!

Und glaube keine Sekunde daran, dass das was du aus dieser Kiste mitbekommst dich nicht irgendwie beeinflussen wird. Wenn du in eine ähnliche Situation gelangst, wie im Fernseher gezeigt, wirst du auf diese Information zurück greifen, die dir gegeben wurde, es sei denn, du bist besser auf dem Damm und hast deinen geistigen Horizont in dieser Hinsicht erweitert! Beispiel: Meine Mutter vorm Fernseher sitzend, sieht ein sich überschlagendes Auto bei einer Rallye*. „Komisch", meint sie: „Das Auto explodiert ja gar nicht!" Nun, in Filmen aus Hollywood tun sie das ständig. Benzin ist allerdings kein Sprengstoff, es verbrennt, aber explodiert nicht! Aus diesem Grund hat der Erst-Helfer an der Unfallstelle immer noch etwas Zeit den Verletzten aus dem Auto zu holen, selbst bei brennendem Fahrzeug. Es sei denn, der Erst-Helfer hat zu viel Hollywood im Kopf!

Wer lässt sich aus Gründen der Sicherheit nicht ein paar Euro extra aus der Tasche ziehen? Egal wie erfunden und unzulänglich die Sicherheit sein mag.

Die Vorstellung die den Willen ergibt? Hypochondrie ist wahrscheinlich jedem bekannt: der Kranke, der sich seine Krankheit einbildet. Tatsächlich hat man erst „die Schnauze" voll, bevor man die Erkältung hat. Der berufliche Stress ist zu groß geworden oder die Beziehung völlig aus den Fugen geraten, man will etwas Abstand, eine Auszeit und manövriert sich tatsächlich ins Abseits: Man wird krank.

Studium der Medizin? Krankheiten werden bis ins Detail beschrieben, man bekommt eine sehr genaue Vorstellung davon ... was passiert? Der Student macht sich Sorgen was er alles haben könnte oder entwickelt sogar genau die Phänomene wie sie beschrieben sind! Eine Sache ist jedoch vollständig in den Hintergrund gerückt: Die Person ist nicht ihr Körper!

„Die Gedanken sind frei." Ich glaube die wurden schon längst in Ketten gelegt, klassifiziert und unterliegen der Zensur*!

Bedenke: Falls du jemandem mit einem Geschenk eine Freude machen willst, finde heraus, was er will – egal was du dir denkst, der Beschenkte denkt vielleicht ganz anders! Einem anderen seinen Willen aufdrängen? Wie würdest du dich fühlen, wenn es jemand bei dir versuchen würde?

Was kann es schöneres geben als im eigenen Himmelreich zu leben? Die Frage ist nur: „Mit wem teile ich es und wie kann mein Himmelreich auch das des anderen sein?"

Loyalität, Treue und Glücklichsein

Nun, dieses Thema erscheint mir wichtig genug, um etwas darüber zu schreiben. Allerdings habe ich die Idee, dass ich mich hier auf sehr gewagtes Terrain begebe. Dieses Thema hat unter anderem sehr viel mit Menschlichkeit zu tun anstatt mit Vernunft, sprich mit sachlich klarem Denken. Loyalität wird oft gleichgestellt mit Treue, obwohl sich das Wort Loyalität die Regierung unter den Nagel gerissen hat. Weswegen? Loyalität kommt von legal, was so viel wie „gesetzlich" bedeutet. In diesem Sinne artikuliert sich dann auch die Definition: gesetzestreu oder auch seinem Herrn (Arbeitgeber) treu ergeben.

Treue wiederum wird als eine menschliche Tugend hoch geachtet, ein Charakterzug. Treue könnte man mit dem Gegensatz definieren, dass man nicht betrügt, oder die positive Form wäre, ein gemeinsames Ziel weiter verfolgen und die gegenseitigen Versprechen einhalten. Treue als Tugend zu betrachten ist insofern interessant, da Tugend eigentlich Tauglichkeit bedeutet, wenn man sich die Herkunft des Wortes anschaut. Tugend bedeutet also, dass man für etwas taugt. Nun, taugt der Mensch für Treue?

Wie aus den vorherigen Texten zu entnehmen, ist eine Definition von Vernunft das Streben nach Vergnügen. So, jetzt versuch mal Treue mit Vernunft in Einklang zu bringen!? Schönes Kopfzerbrechen!

Wie heißt es so schön: Man möchte, dass der andere Treu ist, das gilt in jeder Beziehung, sei es nun in zwischenmenschlicher Beziehung unter den Geschlechtern oder in der Beziehung des Einzelnen zum Arbeitgeber, Verein oder Vaterland.

Wem oder was ist man tatsächlich treu? Der Mensch benutzt das Wort Treue/ Loyalität oft nur dazu, den Menschen zum persönlichen Vorteil auszunutzen und um ihm ein schlechtes Gewissen zu machen – nichts da!

Es ist weder der Partner, noch der Arbeitgeber oder das Vaterland, dem du treu bist! Bei der folgenden Ausführung wirst du erkennen, dass es Ziele und Absichten sind denen man treu ist, aber nicht Personen oder Einrichtungen, wobei Arbeitsstelle und Regierung zu Einrichtungen zählen.

Die erste Definition von Vernunft ist ja noch bekannt, ich werde sie nochmals ins Gedächtnis rufen: „Das Durchführen oder Unterlassen von Aktionen, welches auch in Zukunft für dich und deine Symbionten mehr Vorteile als Nachteile bringen." Also von diesem Punkt ausgehend, bist du zuallererst deiner grundlegenden Absicht treu, die da wäre: Überleben als Individuum. Wenn du ein Held wärst, würdest du im Ernstfall dein Leben opfern, wenn zu ersehen wäre, dass du durch diese Tat deine Familie, dein Vaterland, deine Mitmenschen retten könntest. Somit erhält die Definition von Vernunft immer noch Gültigkeit, es steht ein Leben für das Schicksal von vielleicht tausend Leben.

In diesem Sinne wärst du auch einer Partei oder der Regierung treu, wenn diese weiterhin positive Ziele für den Staatsbürger verfolgt, es sei denn, du siehst nur den persönlichen Vorteil, was dir früher oder später das Genick brechen wird! Vernünftig wäre einer Regierung loyal zu sein, wenn sie für den Bürger regieren würde und nicht für die Stellung und das Auskommen verschiedener Politiker oder Beamte eintritt. Ist sie nicht für den Bürger, warum soll der Bürger ihr gegenüber loyal sein? In diesem Sinne sollte der einzelne Bürger auch überlegen für wen er einen Krieg kämpft!

Durch deine Arbeit bei deinem Arbeitgeber, bei dem du in Lohn und Brot stehst, ist die erste Grundlage zum Dasein erfüllt, somit bist du ihm solange treu ergeben, wie er mit Geld oder Waren zu deinem Überleben beiträgt. Dies ist allerdings gekaufte Treue, da du wahrscheinlich den Arbeitgeber wechseln wirst, wenn du dir dort mehr Vorteile erhoffst.

Deine zweite grundlegende Absicht ist Glücklichsein, dies ist die folgende Sache der du nach Überleben treu bist! Ich glaube, wenn du todunglücklich auf deiner jetzigen Arbeitsstelle wärst, würdest du diese wechseln, obwohl du an anderer Stelle weniger verdienen würdest. Glücklich zu sein könnte man als des Menschen höchstes Gut bezeichnen. Es ist das, wonach der Mensch am meisten strebt. Glücklichsein ist ein Gemütszustand. Das Gegenteil von glücklich wäre unglücklich.

Ein unglücklicher Mensch ist demotiviert, er hat es schwer sich aufzuraffen um tätig zu sein, er selbst und seine Umgebung leiden an Nachlässigkeit, seine Aufmerksamkeit den Dingen gegenüber ist schwach, vieles ist ihm gleichgültig, die Unfallanfälligkeit ist hoch, ebenso die Anfälligkeit für Krankheiten. Ein unglücklicher Mensch kann eine Gefahr für seine Umgebung sein, man könnte sagen, dass er schwerer Ballast ist.

Eigentlich sollte es in dieser Hinsicht Gesetze geben, dass unglücklichen Menschen zu Glück verholfen wird, der Mensch hat ein Recht auf Glücklichsein – allerdings ist dies als gesonderter Teil in den Menschenrechten nicht verankert. Ein wirklich glücklicher Mensch will leben! Genauso wie er leben will, ist er sich bewusst, dass die Dinge die er zum Leben braucht in gutem Zustand sein müssen um im Leben benutzt werden zu können. Tatsächlich wird er den Dingen gegenüber nicht nachsichtig sein, weder sich selbst, seiner Familie, seiner Arbeit, der Regierung, seinem Land oder der Welt gegenüber. Nur jemand der wirklich glücklich ist, wird auch voll verantwortlich den Dingen gegenüber agieren, ich meine, es ist ihm nicht egal!

Jetzt zum zwischenmenschlichen Bereich. Betrug ist ein Bruch nach Vertrauen. Betrug ist bis dahin eine unfaire Sache, da die Fronten zuvor nicht geklärt sind. Fremdgehen heißt, dass man mit jemand anderen eine sexuelle Beziehung unterhält entweder ist man in einer Beziehung in diesem Sinne nicht glücklich oder hat seine Libido (Impuls zur Fortpflanzung) nicht im Griff – ist dies der Fall, sollte man diese Personen meiden, bzw. gehört man zu diesem Personenkreis, soll man den zukünftigen Partner darauf hinweisen und die Fronten klären.

Ich bin der Meinung, dass der Einzelne keinen Sex mehr mit seinem Partner mag, wenn er weiß, dass dieser andere sexuelle Beziehungen aufrechterhält. Ist auch in dem Punkt sehr vernünftig oder ein Selbstschutz, da es noch immer Geschlechtskrankheiten gibt. Allerdings sind Biologen der Ansicht, dass Polygamie (Sex mit mehreren) mehr förderlich zum Erhalt der Rasse wäre, jedoch sollte man sich dies sehr genau angucken, da durch häufigen Wechsel der Geschlechtspartner auch das Verbreiten eines tödlichen Virus von statten gehen kann.

Ich entsinne mich meiner ersten Beziehung und stelle fest, dass es sehr wenig ausreichende Kommunikation gab, um die persönlichen Ziele bekanntzugeben und um dadurch ein gemeinsames Ziel festzulegen. Zu Beginn einer Beziehung mag es nur eine Affäre sein, jedoch sollte man langfristig gesehen, genau darlegen, was man mit und durch eine Beziehung wünscht.

Wie oben erwähnt, ist die zweite grundlegende Absicht: Glücklichsein. Dieses sollte man seinem Partner auch tatsächlich versprechen, sag zu ihm: „Ich möchte dich glücklich machen". Natürlich musst du in Erfahrung bringen, was deinen Partner glücklich macht. In diesem Sinne müssen die gegenseitigen Ziele und Absichten aufeinander abgestimmt werden, dies beinhaltet oft Kompromisse und es sollte auch bedacht werden, dass jedem persönlicher Freiraum zugesichert wird. Bedenke: Auch Entscheidungen brauchen Zeit.

Dies ist die einzige Gewähr für eine Beziehung, dass man am gegenseitigen Glücklichsein arbeitet. Wird man irgendwann wirklich unglücklich in einer Beziehung, dann wird man sich gegen diese Beziehung entscheiden!

In einer längerfristigen Beziehung ist man oft nur noch zufrieden, ich meine man kann glücklich und zufrieden sein oder nur noch zufrieden. Es hängt von einem selbst ab, ob man diesen Zustand bis zu seinem Lebensende aufrechterhält. Man sollte seinem eigenen Glücklichsein treu sein und in einer Beziehung dafür sorgen, dass auch der andere glücklich ist. Wird man unglücklich, sollte man herausfinden warum, die Fronten klären und wieder daran arbeiten glücklich zu sein, wenn es sein muss, mit einem anderen Partner.

Doch wie willst du in dieser Welt glücklich sein? Du erfreust dich einer Sache und es wird dir genommen, sei es das verdiente Geld durch hohe Steuern oder der andere entscheidet sich gegen dich oder gar ein großes Unglück. Aber solange noch ein Funken Leben in dir ist, kannst du etwas tun, du kannst Dinge ins Leben rufen!

Treue muss nicht etwas sein, woran man zwanghaft festhält, nur um damit unglücklich zu sein und sein Leben zu verschwenden!

PS: Wenn du etwas versprichst, versprecche nur das was du wirklich willst und was du auch halten kannst. Überschreite nicht deinen Kompetenzbereich!

Halte gleiche Gesinnung mit deiner Umgebung, gib auch dies zum Lesen weiter. (Kerry gewidmet)

Weißt du wer deine Freunde sind?

Nun, das Wort „Freund", was steckt alles in diesem Wort, dem Wort an sich? Freund, freuen, freundlich, also etwas was dir eine Freude bereitet. Ein Freund ist jemand, der dir Freude bringt. Somit gibt es kleine und große Freunde. Eine Freude bereiten hat viel damit zu tun, wie viel ein anderer für dein Dasein förderlich ist. Du freust dich, wenn dir jemand aus der Patsche hilft oder auch die kleinen Dinge im Leben die dir sagen, dass du nicht alleine bist, wenn dir ein anderer ein paar Minuten Zeit bietet und freundlich und höflich zu dir ist. Im Dasein Freude zu empfinden, Lust am Leben zu haben, ist etwas, was ein Freund dir geben kann, wodurch er auch den

Namen Freund verdient.

Wie klassifiziert man einen Freund oder woran erkenne ich was ein Freund ist und was nicht? Diese Frage hatte ich mir schon vor längerem gestellt. Als Kind war jemand ein Freund, wenn man ihn gut leiden konnte. Dieses „gut leiden" entstand daraus, dass man gemeinsamen Interessen nachging, gleich oder ähnlich dachte, da man wahrscheinlich gleich alt war und die gleiche Ausbildung bestritt, den anderen nicht hänselte, da man in etwa ebenbürtig war und auch schon irgendwie einander vertraute, selbst in jungen Jahren. Alles in allem war es so, dass diese zwischenmenschliche Beziehung deshalb funktionierte, weil vieles gleich oder ähnlich war, die Unterschiede waren nicht so groß.

Dies ist dann auch der Grund, warum Kindesfreundschaften enden: Große Unterschiede und Brüche im Vertrauen. Interessant ist hier zu sehen, dass dies auch der Grund ist, warum Erwachsenenfreundschaften entzweien oder nicht existieren können.

Ein Freund ist jemand der die gleichen Absichten verfolgt. Und ein Feind tut das Gegenteil, er hat Absichten, die gegen deine Absichten gerichtet sind, somit hegt er andere Gedanken. Würde nun jeder den gleichen Gedanken denken, bzw. aufeinander abstimmen, könnte jeder jedem ein Freund sein.

Ein Freund ist jemand, der in der Not für dich da ist, der dir hilft zu überleben. Es ist nicht der Saufkumpane oder irgendjemand den du aus irgendeinem Grund gut leiden kannst. Diese dienen lediglich zu deiner Unterhaltung und sind Kollegen oder Kameraden. Es ist der Bäcker, der dir dein Brot gibt, die Handwerker die dir dein Haus bauen, die Werkstatt, die dir dein Auto flickt. Und all das für einen fairen Preis. Sorge dafür, dass deine Freunde auch später für dich da sein können.

„Hilfe ist so lange Hilfe wie man etwas zurückbekommt, ansonsten ist es Betrug oder ein Verbrechen." Wenn du also etwas für deinen Kumpel tust, ist er dir etwas schuldig, wenn nicht gleich, dann später. Merke dir: **Eine Hand wäscht die andere, wer nimmt muss auch geben.**

Freundschaft hat einen großen Scheidepunkt: Hilfe. Vertrauensbrüche mögen abträglich sein, jedoch bringt wirkliche Hilfe Dankbarkeit! Und ich glaube, wenn jemandem wirklich geholfen wurde, wird man dem gerne helfen, der einem geholfen hat.

Zu oft hört man von einem „Hilfe-Syndrom". Ein Syndrom ist das Zusammenfallen von verschiedenen Symptomen zu einem bestimmten Krankheitsbild - als ob Hilfe etwas mit Krankheit zu tun hätte? Ohne Hilfe würde auf diesem Planeten gar nichts funktionieren, keiner von uns hätte es bis zum Erwachsenen geschafft, ohne dass ihm geholfen worden wäre! Hilfe macht einen Unterschied, sie zeigt den Wert einer Person. Und ein Freund lässt einen nicht hängen.

Was macht nun eine **echte** Freundschaft im Wesentlichen aus? Grundlage: Verkehrt in einem angemessenen Ton miteinander – eigentlich sollte ich schreiben höflich und freundlich, was erstrebenswert wäre! Den Anderen nehmen wie er ist? Mmh, gelegentlich! Zwei Menschen zwei Ideen, irgendwo muss man sich treffen.

Man möchte,

- Ehrlich- und Aufrichtigkeit, nicht ausgenutzt werden;
- dass er da ist, wenn man ihn braucht;
- dass vertrauliche Sachen vertraulich behandelt werden;
- dass man den Anderen als Individuum achtet und Freiraum gibt;
- dass er dir aufhilft, wenn du am Boden liegst;
- jemanden der seinen Bereich/Umgebung auch selber geregelt bekommt, wobei man gerne Rat gibt;
- jemanden der einem nicht im Stich lässt;
- jemanden der einen nicht verrät;
- jemanden dem man vertrauen kann;
- jemanden mit dem man auch lachen kann;
- jemanden mit dem man „Pferde stehlen kann";
- jemanden dem man alles erzählen kann;
- jemanden der hinter einem steht;
- jemanden dem du auch helfen kannst und sich auch helfen lässt;
- jemanden der einen auch mal in Ruhe lässt;
- jemanden der mich noch kennt, auch wenn man sich lange nicht mehr gesehen hat;
- jemanden der verzeihen kann;
- jemanden der einem die Meinung sagt;
- jemanden mit dem man etwas teilen kann, sprich dass er darauf aufpasst und es wieder heil zurückgibt – und dies nicht nach Monaten(!);
- jemanden der auch nach längerer Freundschaft den Unterschied zwischen mein, dein und gemeinsam kennt, je nachdem wie es angeschafft wurde;
- jemanden der mich zurückhält, wenn ich dabei bin eine Dummheit zu tun,
- jemanden mit dem man auch andere Wege gehen kann;
- jemanden der auch andere Freunde toleriert/akzeptiert;
- jemand der seine Launen bei sich behält;
- jemand der kritikfähig ist, an sich selbst arbeitet;
- jemand der mich unterstützt, motiviert anstatt niederzumachen;
- jemand der die ursprüngliche Absicht aufrechterhält, wenn ich wankelmütig werde;
- jemand der Logik anerkennt, der nach Möglichkeiten sucht anstatt einfach nein zu sagen;
- jemand der nicht im Recht sein muss;

• dass einem zugehört wird und Verstehen folgt;
Denke nach, vielleicht gibt es noch ein paar Dinge, die für dich eine echte Freundschaft ausmachen.

Dem Anderen blind vertrauen? Tue es nicht! Stelle Dinge selbst sicher, sei es nun dass irgendwelche Verträge verstanden werden sollen oder ob Arbeit richtig erledigt ist oder Materialien fehlerfrei.

Dies selbst nicht zu tun heißt einen Pakt mit der Ungewissheit zu schließen. Und da du es nicht weißt und Dinge geschehen mit denen du nicht gerechnet hast, mit denen du nicht einverstanden bist, wirst du den Anderen beschuldigen! Alleine dadurch, da du dir selbst nicht Gewissheit verschaffst, dich nicht selbst verantwortlich siehst mit den Dingen, mit denen du dich eingelassen hast, ist es leicht dem die Schuld zu geben, der dir die Sache empfohlen, verkauft oder repariert hat. Einfach den Anderen zu beschuldigen, dem Anderen volles Unrecht zuzuweisen ruiniert die gegenseitige Beziehung vollständig!

Kontrolliere Verträge, Arbeiten, Materialien, Service der geliefert wurde und kläre die Dinge gleich mit denen du nicht einverstanden bist, später wird es nur einen Haufen Ärger geben! Verhindere es, dir und deinen Mitmenschen zu liebe!

Für den Anderen sein? Ihm dein letztes Geld geben? Tue es **nicht**! Wenn du genug Geld hast, kannst du es freimütig geben. Aber bedenke immer deiner Lebensgrundlage, wenn du alles gegeben hast, kommst du in Teufels Küche – Du bist in dieser Gesellschaft nur so stabil, wie du dir selbst helfen kannst und dieses selbst helfen basiert zu oft auf nur einer Grundlage: Geld! Komme selbst zurecht, den Anderen um Hilfe zu bitten kann auch ihn in Schwierigkeiten bringen.

Wie auch in den vorherigen Artikeln angezeigt: Benutze dieses Schriftstück, gebe es deinen Mitmenschen. Und wenn du einen echten Freund hast, mache ihn auf die verschiedenen Punkte aufmerksam wenn er dagegen verstoßen hat oder sie nicht recht beachtet. Echte Freundschaft ist wertvoller als Geld, arbeite daran, dass sie erhalten bleibt.

Mit direkter und sachlicher Kommunikation lässt sich alles lösen. Also halte deine Emotionen im Griff und bedenke, dass auch du schon Fehler gemacht hast!

Freundschaften existieren im Wesentlichen deshalb, weil es viele Gleichheiten oder Ähnlichkeiten gibt, bzw. dass ein Spiel gespielt wird, in dem es ein gemeinsames Ziel gibt. Besondere Vereinigungen werden im Kampf gegen einen gemeinsamen Gegner gebildet.

Eine diffizile Frage ist: Was ist mehr wert, eine Liebesbeziehung oder eine echte Freundschaft. In einer Freundschaft kann man sich mehr erzählen oder Dinge tun, ohne den Anderen in emotioneller Hinsicht zu verletzen, was einen längeren Bestand garantiert. Liebschaften sind sehr zerbrechliche Dinge, alldieweil der durchschnittliche Mensch ausreichend Probleme mit sich selbst hat – kommt ein

Lebenspartner dazu, wird es umso schwieriger. Nichtsdestotrotz gelten auch hier die Ausführungen was eine echte Freundschaft wirklich ausmacht, lese dazu auch den 2ten Dynamik Kodex".

Ich für meinen Fall würde eine echte Freundschaft wegen einer Liebesbeziehung nicht aufs Spiel setzen – Du bist verheiratet? Wie hoch ist die Scheidungsrate und wer ist danach noch da? Noch zwei Sentenzen*: **„Zeige mir deine Freunde und ich sage dir wer du bist." „An ihren Taten wirst du sie erkennen."** (LRH)

Wir müssen mit den Menschen zurechtkommen die hier sind, es gibt keine anderen. Wir sitzen alle in einem Boot, genannt Planet Erde – hier ist anzumerken, dass die Zeit kommen mag und einige aussiedeln werden und vielleicht andere Welten und Wesen kennenlernen, somit wird das Boot umso größer.

Da dieses Boot recht umfangreich ist, wird man den einen oder anderen im Laufe eines Lebens nicht antreffen, beziehungsweise kann man dem einen oder anderen gut aus dem Weg gehen. Aber eines sollte einem immer bewusst sein, man geht immer einer Idee aus dem Weg, wahrscheinlich sogar seiner eigenen. Probleme entstehen nur durch fixe Ideen* und die Unfähigkeit diese genau anzuschauen und zu verändern, ich meine: Man will ja im Recht sein oder hätte ich besser sagen sollen: man muss Recht behalten.

Miteinander leben bedarf der gegenseitigen Akzeptanz und Toleranz. Was des einen Glaubens ist, muss nicht der des anderen sein. Jedoch sollte man imstande sein die Dinge um einen herum zu akzeptieren und feststellen, dass sie sind, egal wo sie letztendlich herkommen mögen.

Was die Mannschaft auf dem Boot angeht – wir steuern zwar nicht diesen Planeten, jedoch muss es irgendwie funktionieren - gibt es oft fast geheimnisvolle Wege, wie man den einen oder anderen wieder trifft. In diesem Sinne sollte man seine Artgenossen freundlich gegenüber gesonnen sein, sich entsprechend behandeln und sich auch in Frieden trennen, man weiß nie in welcher Not man irgendjemanden treffen mag.

Wie in „Orientierung" erwähnt: **Warum soll ich dich zum Feind haben, wenn ich dich als Freund haben kann!** Bedenke: Man muss nicht jedem ein Freund sein – behandele einen Idioten wie es einem Idioten gebührt!

PS: Es obliegt einem selbst, mit wem man echte Freundschaften schließt.

Das Problem beginnt im Kopf

Definition „Problem": Absicht, Gegen-Absicht.(LRH)

Beispiel: Du sitzt im Auto und hast die Absicht den Motor zu starten. Es funktioniert nicht. Irgendwo gibt es eine „Gegen-Absicht". Somit hast du ein Problem! Du hast jetzt folgende Möglichkeiten: (a) deine Absicht zu erhöhen, (b) die Gegen-Absicht zu entfernen. Anwendung:

(a) Du versuchst es noch mal und noch mal.

(b) Du überprüfst den Anlasser, die Batterie, die Kabel usw. und entfernst die Fehlerquelle. Wenn du es nicht kannst, macht es halt die Werkstatt.

Jedes Problem besteht aus Absicht, Gegen-Absicht. Selbst bei dir im Kopf, wie zu Anfang beschrieben. Die Handhabung ist immer gleich, selbst im zwischenmenschlichen Bereich.

Ein Problem bahnt sich an, wie ein quietschendes Geräusch, ein seltsamer Geruch, irgendwie werden Dinge schwierig, weichen von einem normalen Verlauf ab? Finde die wirkliche Ursache, reagiere zeitliche angemessen bevor Probleme groß und zu teuer werden. Befolge Richtlinien, dass du nicht nochmal in solch einen Schlamassel gerätst!

Ein Problem will einfach nicht verschwinden? Es ist die Lüge die Dinge bestehen läßt! Natürlich! Der Motor deines Autos läuft nicht richtig und du fährst zur Werkstatt. Dort wird dir gesagt, dass das Steuergerät schadhaft sei. So denn, es wird gewechselt. Der Motor läuft aber immer noch nicht richtig – eine Lüge war also das schadhafte Steuergerät, da Problem noch immer vorhanden. Es wird also die Software für das Steuergerät up-gedated ... Problem immer noch da. Später stellt sich heraus, dass der Facharbeiter kein ausgebildeter Mechaniker ist, sondern Metzger und dass der Kunde versehentlich Diesel getankt hatte anstatt Benzin. Die Wahrheit war also ein falscher Mechaniker und falscher Kraftstoff und die Handhabung dieser Umstände löste das Problem. Probleme lösen sich nicht? Na, wo sind die ganzen Lügen?

Anatomie* eines Problems

Nun, was ist ein Problem, wann hat jemand ein Problem? Man hat immer ein Problem mit etwas, wie mit einer Sache, einem Zustand, einer Person, einer Situation oder sich selbst.

Man hat dann ein Problem, wenn man sich mit etwas eingelassen hat. Ein Problem existiert dann, wenn man damit übereingestimmt hat, dass es existiert.

Ich meine, schau, du musst dich erst mit etwas einlassen, bevor du ein Problem damit hast. Und bei einer genaueren Untersuchung stellst du fest, dass es immer ein Problem mit dir selbst ist. Du hast die Idee wie es sein soll und die Realität sieht anders aus – somit hast du ein Problem. Die Realität ist immer das Produkt einer Idee eines anderen, womit wir auf Absicht und Gegenabsicht kommen. Absicht bedeutet lediglich, der Versuch der Durchführung einer Idee.

Sagen wir, du hast ein Problem mit Mathematik. Du hast dich also mit Mathematik eingelassen. Das Problem zeigt sich nun dadurch, dass du die Regeln auf der die Mathematik beruht nicht verstanden hast und nicht die Ergebnisse erzielst, die du eigentlich erzielen solltest. Die Regeln der Mathematik sind die Ideen eines anderen. Stimmst du nun mit diesen Regeln überein, hast diese verstanden und lieferst der Regel entsprechende Resultate, hast du kein Problem mehr, du hast also ganz grundlegend mit dieser Sache genannt Mathematik übereingestimmt.

Leider ist es so, dass du mehr oder weniger dazu gezwungen bist mit den verschiedenen Dingen übereinzustimmen, sich damit einzulassen. Wenn du einen gewissen Teil der Mathematik nicht beherrschst, kriegst du keinen Schulabschluss, ohne Schulabschluss wahrscheinlich keine Lehrstelle und ohne Lehrstelle keinen Beruf mit dem du deinen Lebensunterhalt verdienen kannst. Somit werden dir Probleme gemacht.

Aber davon ab, es geht auch anders. Ein alter Freund von mir, selbständiger Unternehmer im Verputzerhandwerk hat weder den Beruf gelernt noch den Meisterbrief gemacht und ob er tatsächlich den Hauptschulabschluss hat, weiß ich nicht. Ist aber egal. Nun, er begann als Hilfskraft, war selber clever genug das Handwerk zu verstehen um es ausüben zu können. Er stellte sich einfach einen Meister ein und schon war er Chef über die Firma. Aus meinen bisherigen Erkenntnissen heraus muss ich sagen, dass er Gott sei Dank die Schule frühzeitig verlassen hat und dadurch seinen Verstand geschont hat – derzeitige Ausbildung führt dazu den Verstand des Einzelnen durch seltsame Ideen zu vermasseln.

Jedenfalls beherrschte er die Grundrechenarten, Flächenberechnung und Prozentrechnung, genau das, was man im Handwerk braucht. Dadurch, dass er noch einen klaren Verstand hatte und 1 + 1 zusammenzählen konnte, war er in der Lage, erfolgreich eine Firma zu führen, dass, was einige Meister im Fach nicht hinkriegen, obwohl sie „ausgebildet" sind.

Steuer, Kalkulation und Gehaltsabrechnungen muss man nicht unbedingt kennen, es gibt immer Leute die man einstellen oder beauftragen kann, aber besser ist es, dass man es kann, vor allem wenn die Firma am Anfang steht und die Kapitaldecke* recht dünn ist - der Computer mit entsprechenden Programmen hilft auch. Rein theoretisch musst du dich also mit Mathematik nicht einlassen – ein paar Kopfschmerzen weniger.

Einige haben nun Beziehungsprobleme. Dies bedeutet das Gleiche, Absicht – Gegenabsicht. Du hast die Idee wie es laufen soll und dein Partner hat eine andere, Problem! Du hast dich also mit einer Person eingelassen. Hast du dich denn mit einer Person eingelassen oder mit einer Idee? Und wenn die Person keine anderen Ideen denken kann, nicht mit deinen Ideen übereinstimmen mag? Na, such dir jemand der andere Ideen denken kann und mit den Ideen übereinstimmen kann die du denkst, oder dreh den Spieß einfach mal um: Bist du denn in der Lage andere Ideen zu denken?

In der Regel ist es vielleicht einfacher seine eigenen Ideen zu ändern, bevor man versucht die Ideen des Anderen zu ändern. Ich meine, man kann sich einen Haufen Unsinn ausdenken und vorgeben, dass dies wichtig sei. Somit sollte man seine Ideen auswerten, im Hinblick auf Vernunft, Logik und den acht Dynamiken.

Ich meine, dies ist eine wichtige Sache, wenn beide Partner ihre Ideen nicht gegenseitig auswerten, auf einer gemeinsamen Grundlage, kann nie ein Zusammensein erreicht werden, jede Art von Beziehung geht in die Brüche! Natürlich kannst du auch frei davon sein, deine Freiheit im Hinblick auf eine Partnerschaft verteidigen, indem du hingehst und keine Partnerschaft hast, was nicht bedeuten soll, dass wenn man eine Beziehung hat, nicht auch dort auf persönliche Freiheiten verzichten muss. So wie die Beziehung wichtig sein mag, so ist auch die Person selbst innerhalb der Beziehung wichtig, was bedeutet, dass Beziehung, wie Individuum selbst ihre Rechte und Pflichten haben.

Aber wie sieht es tatsächlich beim Menschen aus? Zu oft ist dieser fixiert auf eine Sache, er ist nicht in der Lage sich von dieser Sache zu lösen, er muss diese eine Sache haben, was man vor allem bei zwischenmenschlichen Beziehungen sieht, es ist diese eine Person, die wichtig ist. Somit hat die Person selbst ein Problem, ein Problem damit einen Gedanken loszulassen, ein Problem damit einen anderen Gedanken zu denken und zuzulassen. Gefühl? Na, dieses Gefühl erwächst aus einem Gedanken. Ein Gefühl ist ein Energieimpuls, messbar. Wenn du nun, das gleiche Gefühl im Geiste erschaffst, löst es sich auf. Ich meine, es ist oft genug der Fall, dass sich der Mensch wegen eines Gefühls zum Trottel machen lässt. Wozu? Sei Ursache darüber, schalte es ab!

So gibt es einige die Probleme mit ihrer Figur haben. Nun, die Person stimmt nicht damit überein, wie sie derzeit aussieht entweder zu dick oder zu dünn, zu wenig Busen oder zu viel Bauch. Wahrscheinlich ist es so, dass die Person zu wenig Probleme hat, über die sie sich sorgen machen kann. Wenn jemand zu wenig Problem hat, sucht er sich etwas aus, über das er besorgt sein kann. Eine Abhilfe zu einem Problem wäre natürlich ein Problem gleicher Größenordnung zu erschaffen, wie etwa dir vorzustellen, überhaupt keinen Busen zu haben oder dein Bauch wäre viel dicker. Damit schafft man es, die Person dazu zu bringen zufrieden zu sein, sie ist zufrieden mit dem wie es jetzt ist, was das Problem beseitigt.

Aber davon abgesehen steckt tatsächlich eine Idee hinter der Form eines Körpers, es sind nicht die Gene, diese sind von Zelle zu Zelle fast gleich, es ist wie der Baustein eines Hauses und es ist die Idee, wie das Haus auszusehen hat. Allerdings hat der normale homo sapiens keinen direkten Zugriff auf die Ideen die die Form des Körpers bestimmen, da muss man schon mentale Prozesse laufen. Hat man ja schon beobachtet, einige können essen wie ein Scheunendrescher, nehmen kein Gramm zu und andere denken bloß ans Essen und werden dick. Jedenfalls ist es nachgewiesen, dass sich nach mentalen Prozesse das Körpergewicht sowie die

Struktur des Körpers einpendeln, zu dünn nimmt zu, zu dick nimmt ab und die Proportionen verlagern sich dorthin, wo sie hingehören.

Probleme? Nun, es sind die Dinge die man sich selbst macht.

Stress

Einige unserer Mitmenschen haben schon „Stress", wenn sie morgens um 07.00 Uhr aufstehen müssen, um im Arbeitsamt mit ihrem Arbeitsvermittler zu sprechen. Das Wort Stress wird in unserer Gesellschaft für jegliche Situation oder Tätigkeit benutzt. Alles ist Stress!

Es gibt einen maßgeblichen Unterschied zwischen den herkömmlichen Vorkommnissen im Alltag und Begebenheiten die den Namen Stress verdienen.

Stress = verformende Kraft – so jedenfalls die Herkunft des Wortes. Stress ist eine Kraft, die solange auf etwas einwirkt, bis es kaputt geht.

Das Leben besteht aus acht Dynamiken. Jede Dynamik beansprucht ein gewisses Maß an Zeit und Geld. Zeit und Geld sind begrenzte Güter und zu oft wird verlangt Aufgaben zu erledigen, welche mehr Zeit, Geld und Leistungsfähigkeit verlangen, wie vorhanden ist – hier hat man tatsächlichen Stress!

Stress bedeutet, dass man die Kontrolle verloren hat. Man bestimmt nicht mehr die Umgebung sondern die Umgebung bestimmt, was die Person zu tun oder zu lassen hat. Die Person muss es tun, weil die Person aus irgendeiner Verbindlichkeit heraus nicht entweichen kann. Die Person hat Stress, (a) wenn sie gegen ihren Willen etwas tun muss oder (b) etwas geschieht wogegen sie sich **nicht** wehren kann.

Sieht man sich gedanklich in einer aussichtslosen Lage oder schafft es tatsächlich nicht die Verbindlichkeiten zu befriedigen, steht man unter Druck. Der Druck ist gedanklicher Druck. Man macht sich Sorgen darüber, wie die Sache weitergehen soll. Konkret fallen mir zwei Bekannte ein: Der Inhaber einer Handwerksfirma war hoch verschuldet, er bekam einen Herzinfarkt. Das Wellness-Studio einer Bekannten lief nicht gut und sie verschuldete sich ebenso, sie bekam einen Schlaganfall.

Es scheint einen Mechanismus zu geben, welcher dafür sorgt, dass sich die stressgeplagte Person aus dem Verkehr zieht. Wird der Druck zu stark, zerbricht sie: Die Person wird krank.

Es soll nun egal sein, unter welcher Art von Stress man leidet. Stress hat einen Unterdrücker, also etwas oder jemand, was stärker ist als die Person – und sei es nur eingebildet! Man hat keinen Stress, wenn man seine Umgebung gut im Griff hat oder wenn man nur die Vorstellung davon hat seine Umgebung gut im Griff zu haben. Beschleicht einen nur schon eine dunkle Ahnung, dass Dinge aus dem Ruder laufen können, bekommt man Stress. Deswegen hat der Mensch ein starkes Verlangen danach, Sicherheit zu haben, sei es nun materieller Natur oder seine Mitmenschen auf die er sich verlassen muss.

Stress findet seinen Anfang mit „haben" – bedenke: Du hast einen Körper. Sobald man etwas hat, muss man sich darum kümmern in Form von Zeit, Geld und Tätigkeit. Letztendlich gibt es nur eine Form von Stress: Der Wille der Person.

Die Person hat Stress,
wenn sie etwas haben will und es nicht bekommt;
sie hat etwas und es besteht die Gefahr, dass es ihr genommen wird;
sie hat etwas und kann es nicht mehr loswerden;
ebenso
wenn sie etwas unbedingt tun will und sie daran gehindert wird;
wenn sie etwas tut und die Gefahr besteht, dass es schlecht ist,
wenn sie etwas Schlechtes getan hat und sie es nicht mehr rückgängig machen kann.

Abhilfe: Na, nur so viel annehmen oder zusagen, wie man aufgrund seiner Zeit, seines Geldes, seiner Qualifikation/Leistungsfähigkeit erledigen kann, oder, sich mehr Geld, mehr Zeit, eine höhere Leistungsfähigkeit und entsprechende Qualifikation verschaffen – und sei es durch die Hilfe anderer.

Einige Leute haben „Stress", weil sie die ganzen Dinge, die getan werden sollen nicht tun oder nicht vollständig abschließen, bzw. geregelt haben. Dinge die nicht abgeschlossen werden, kreisen einem ständig im Kopf herum und irgendwann sind es so viele, dass man denkt durchdrehen zu müssen. Egal wo man hinschaut, egal welches Thema gerade besprochen wird, ständig kommt aus dem Hinterkopf ein Gedanke, welcher daran erinnert, was noch zu tun ist. Und alles nur deswegen, weil die Sachen nicht systematisch, eine nach der anderen abgeschlossen worden sind.

Wie willst du dich auf etwas Neues konzentrieren können, wenn dir andauernd der alte Kram durch den Kopf geht? Also mach dir deine To-Do-Liste*, schreibe alles auf und arbeite deine Liste je nach Wichtigkeit systematisch ab. Du wirst weniger Stress haben!

Wenn du das Gefühl hast einen Haufen Stress zu haben, kann es dir etwas bringen, (a) sich mit anderen zu unterhalten, um eventuell eine bessere Lösung zu finden oder einen anderen Gesichtspunkt der Sache gegenüber zu bekommen oder (b) dir eine Aus-Zeit zu nehmen in Form von körperlicher Aktivität oder sonstigerlei Ablenkung, damit du aus dem gedanklichen Gewusel extrovertierst, also etwas Abstand gewinnst, um die Angelegenheiten später mit neuem Elan erneut anzugehen.

Stress ist eine rein gedankliche Sache. Stress ist, wenn man die Kontrolle über sein Leben verloren hat! Ändert die Person ihre Absicht den Dingen gegenüber wird sie keinen Stress mehr haben. Und ja, der Dumme und Müßiggänger* wird letzten Endes am meisten Stress haben! Warum wohl?

Schaffe dir eine Umgebung die dir Lösungen bringt und keine Probleme!
Akuter Stress: Schwerwiegende plötzliche Veränderungen die die Person betref-

fen und auf die sie nicht vorbereitet ist können akuten Stress auslösen: Die Person kann in einen Schockzustand geraten und vorübergehend Einbußen ihrer Zurechnungsfähigkeit haben – Wenn jemand geschockt ist, wird er nicht mehr angemessen auf seine Umgebung reagieren.

Man könnte sagen, es gäbe positiven oder negativen Stress, wie ein Sechser im Lotto, oder ein Millionenerbe von einem unbekannten Onkel aus Amerika; negativ wäre ein Autounfall, der plötzliche Verlust von etwas oder jemandem geliebten. Nichtsdestotrotz, Stress ist Stress und kann in einem Schockzustand resultieren, egal ob die Person in Apathie versinkt oder völlig ausflippt!

Um den Schockzustand zu überwinden muss sich die Person an die neue Realität gewöhnen, je nach Grad des Schockzustandes kann dies einige Zeit dauern, kann jedoch so schwerwiegend sein, dass die betroffene Person ihr ganzes Leben lang darunter leidet.

Der Psychologe hat keine angemessene Handhabe für Schockzustände, es ist eine mentale Angelegenheit die den Verstand betrifft und wenn man über den Verstand nichts weiß, wird man nichts dagegen tun können.

Der erste Schritt wäre die geschockte Person medizinisch zu versorgen, falls notwendig. Danach sollte man ihr Ruhe und eine geordnete Umgebung verschaffen – raus aus dem Unfallszenario. Als nächstes sollte sich die Person neu in ihrer Umgebung orientieren, damit sie die Realität wiederfindet, heraus aus dem mentalen Schockzustand. Hier wäre ein ausgedehnter Spaziergang sehr hilfreich, jedoch sollte die Person während des Spaziergangs nicht grübeln, sondern ihre Aufmerksamkeit auf die Umgebung richten und diese wirklich wahrnehmen. Und es sollte ein gemütlicher Spaziergang sein und kein Gewaltmarsch! Liegt die Person im Bett, so würde sie ihre Aufmerksamkeit abwechselnd auf die verschiedenen Gegenstände des Raumes richten bis es ihr etwas besser geht.

Mentale Prozesse wie eine Rückführung (siehe weitere Bücher) wird das Trauma des Schocks auflösen oder man läuft Erschaffens Prozesse wobei die Person unter Anweisung sich immer wieder das Geschehene in Variationen vorstellt – es reduziert die geistige Knappheit und bringt die Person dazu das Geschehene loszulassen. Erschaffens Prozesse ist Profi-Arbeit und erfordert eine progressive Vorgangsweise sowie Feingefühl des Praktizierenden.

Krieg !!!

Leben wir nicht in einer schönen Welt? Du hast einen Ort von dem du glaubst, dass du hin gehörst. Alles ist schön bunt angemalt und du wirst von den Werbeplakaten herunter angelächelt – es wird dir gezeigt, dass diese Welt eine schöne Welt ist!

Ist es denn wirklich so? Nun, wenn du kein Geld hast, wirst du dir das Produkt nicht kaufen können, was vom Plakat her freundlich angeboten wird. Und wenn du dann das Geld hast, dir das Produkt gekauft hast und das Produkt gibt nicht das her, was es verspricht, willst du entweder dein Geld zurück oder ein ordentliches Produkt!

Ich musste miterleben, wie zwei dicke Freunde sich vollständig in die Haare kriegten, als es um die Entscheidung ging, mit einem von den beiden einen anderen Job in der gleichen Firma zu besetzen inklusive einer Lohnerhöhung, Freundschaft entzwei! Oder Freundschaften scheiterten, weil plötzlich das andere Geschlecht eine große Rolle spielte. Oder schau auf die zerbrechende Familie, wenn es ums Erben geht – zuvor noch eine Einheit, die zusammen durch dick und dünn ging!

Deine Mitmenschen grüßen dich und lächeln dir zu – was glaubst du, was hinter deinem Rücken alles getuschelt wird? Der Einzelne ist zu feige, um dir wirklich ins Gesicht zu sagen was er denkt.

Bei der goldenen Hochzeit meiner Oma fragte ich sie, wie es denn so sei, wenn man 50 Jahre verheiratet ist. Sie meinte: „Ja, 50 Jahre Krieg!" Selbst in der Ehe ist es so, dass man für seine Interessen kämpfen muss, tut man das nicht, verliert man sein Leben!

Wenn du mit deinem Anwalt vor Gericht ziehst, weil du glaubst Unrecht widerfahren zu haben, wirst du wahrscheinlich voller Erstaunen den Gerichtssaal wieder verlassen, ungläubig erlebt zu haben, was dort vor sich ging. Der Rechtsanwalt der gegnerischen Partei spinnt ein Märchen zusammen, was du hättest tun können um den Schaden zu vermeiden und ganz einfach nur aus dem einen Grund: Weil du dort warst! Es wird dir vom Gericht ein Vergleich* angeboten und du wirst dazu gebracht einen Teil des Schadens selbst zu übernehmen.

In der Geschäftswelt ist es umso härter. Größere Firmen betreiben ihre eigene Kanzlei mit einer Schar von Rechtsanwälten, nur um sich verteidigen zu können oder aber Strategien umzusetzen, um die „Mitbewerber auf dem Markt" zu besänftigen oder außer Gefecht zu setzen. Und die Millionen die in die Streitereien fließen sind letztendlich weise investiertes Kapital. Wie die zwei kleinen Verputzerfirmen im gleichen Ort, die Chefs sind sich oft spinnefeind*. Der dortige Arbeiter darf sich nie erlauben für irgendeinen Dorfbewohner einen Gefallen zu tun, dies ist Schwarzarbeit und der Chef geht auf die Barrikaden, wenn man ihm die Aufträge wegnimmt, egal wie klein!

Eigentlich bist du ganz alleine auf der Welt. Du wirst deine Ansichten vor deinen Mitmenschen, Arbeitskollegen, deinen Freunden und deinem Lebenspartner immer vertreten müssen und selten findest du jemanden, der Dinge genauso sieht wie du sie siehst. Das Empfinden persönlicher Stärke, das Empfinden auf dieser Welt Wert zu haben, erwächst durch deine Fähigkeit Dinge richtig zu tun, was bedeutet, dass du im Recht bist. Wenn du dauernd Fehler machst und dir dauernd gesagt wird wie sehr du im Unrecht bist, wird dein Selbstvertrauen versiegen* und du wirst denken keinen Wert mehr zu haben.

Du wirst aufhören für dich selbst zu denken, du wirst aufhören Verantwortung zu übernehmen, für dich selbst und deine Welt, du wirst aufhören dein Leben zu leben, weil du mit dem Versuch im Recht zu sein aufgehört hast, weil du dein Recht nicht verteidigt hast und zugelassen hast, dass es dir genommen wurde – Du bist zu einer Marionette geworden!

Also, sei fähig, sei glücklich! Glücklich zu sein bedeutet in dieser Welt keine oder mindere Fehler zu machen. Verfalle nicht vollständig in die Defensive* wenn dir ein Schnitzer* unterlaufen ist. Immerhin warst du derjenige, der überhaupt etwas getan hat, nur derjenige der nichts tut, kann nichts falsch machen – und dies ist der größte Fehler: nichts zu tun, weil du dann nirgends ankommst! Fehler können ausgemerzt und Dinge repariert werden. Einen Fehler eingesehen zu haben bedeutet, dass es beim nächsten Mal besser geht.

Alles richtig zu tun wird wohl keiner schaffen, weil es auch so etwas wie Neigungen und Geschmack gibt: Was gut für den einen ist, muss noch lange nicht gut für den anderen sein. Aber eines wirst du feststellen, je fähiger du bist, umso glücklicher wirst du sein!

Wie schreibt mein Meister zu Beginn der fortgeschrittenen Kurse: „Wenn Frau Schmusekuchen zu uns kommt, um ausgebildet zu werden, verwandeln Sie jenen schweifenden Zweifel in ihren Augen in einen festen, entschlossenen Glanz und sie wird gewinnen und wir alle werden gewinnen. Passen Sie sich ihr an und wir alle werden ein wenig sterben. Die richtige Ausbildungseinstellung ist: „Jetzt werden wir dich zu einem fähigen Menschen machen, was auch immer geschieht. Wir haben dich lieber tot als unfähig." Es ist ein hartes Universum. Der soziale Anstrich lässt es mild erscheinen. Aber nur die Tiger überleben - und selbst sie haben es schwer."

So denn, halte deinen Verstand wach und die Messer gewetzt, denke nicht, dass es ganz ohne Streitereien in dieser Welt funktionieren wird – es ist Krieg, wenn auch nur unterschwellig. Krieg? Der Mensch demonstriert zu oft seine Unfähigkeit richtig und falsch zu erkennen, unfähig sich gütlich* zu einigen. Es müssen Gesetze ersonnen werden, um den anderen zu bevormunden, Waffen benutzt werden um den anderen zu töten, weil keiner in der Lage ist seine eigenen Gedanken neu zu überdenken!

Privat

Woher bekommt man gute Gedankenimpulse und was macht man daraus? Nun, Gedanken dienen unter anderem dazu, sich selbst, seinen Nächsten und das Leben zu verstehen. Sie dienen dazu im Leben zurechtzukommen, ohne mit dem anderen einen Krieg anzufangen – Krieg hat man ständig, mal mit, mal ohne Waffen, manchmal mehr oder weniger heftig. Frieden hat man auf dem Friedhof, deswegen auch der Name. Wie Plato schon sagte:

„Nur die Toten haben das Ende des Krieges gesehen!"

Gedankenimpulse. Wie oft muss man sich in seiner geistigen Welt hin und her bewegen, bis man flexibel wird, seine geistigen Schranken verliert und die Bedeutung von Worten nicht mehr erdrückt? Nun, ich freue mich über jeden, der sich mir entgegenstellt und mir zeigt, dass es auch andere Sichtweisen zu einer Sache gibt. Letztendlich stellt sich dann die Frage: „Was ist am besten zu gebrauchen, welchem Stück Wissen gibt man Gültigkeit? Sind wir schon wieder bei richtig und falsch?" Na ja, es ist halt des Menschen Krankheit! Wie wäre es mit frei oder gefangen? Wo und wann ist der Mensch wirklich frei? Privatsphäre?

Hier die ursprüngliche Bedeutung: „lat. *privatus* ,abgesondert, für sich; befreit (von öffentlichen Pflichten, Verantwortung usw.), nicht fürstlich, kaiserlich oder staatlich', zu *privus* ,für sich bestehend, einzeln, frei von'."

Privat, einige scheinen die Bedeutung davon nicht ganz zu verstehen, es bedeutet, dass man frei von etwas ist und dass man genau in diesem Fall das Recht hat etwas zu haben oder nicht zu haben. Im Berufsleben oder als Begleiter eines öffentlichen Amtes ist das nicht so, dort muss man sich oft fügen, um bestehen zu können.

Dies ist wichtig im Hinterkopf zu haben, dass Berufsleben Berufsleben ist und der ganz private Bereich abends ab 20.00 Uhr beginnt und mir von mir aus morgens um 09.00 Uhr endet, in dem das Geschäftsleben oder sonstige Belange eines anderen nichts mehr zu suchen haben, es sei denn, man hat es zuvor vereinbart!

Die Haustür scheint somit die letzte Bastion* persönlicher Freiheit zu sein, zu einem Ort in dem man sich zu seiner Ruhe oder persönlicher Entfaltung entscheiden kann, die Sitten und Gebräuche im Augenwinkel behaltend. Du kannst einen Überraschungsbesuch schlecht abweisen, ohne den anderen ein wenig zu verstimmen.

Wie sieht es hinter der Haustür aus? Wieder keine Freiheit! Es herrscht ein System von Ordnung und Sauberkeit, in mehr oder weniger großem Umfang. Selbst privat ist man von den Regeln der Gesellschaft eingenommen oder unterwirft sich einem System eigener Ordnung – zwangsläufig, sonst würdest du nie etwas finden, wärst immer am Suchen. Im Laufe der Zeit haben sich ausreichend Dinge angehäuft die des Organisierens bedürfen -.

Bist du zu nachlässig mit deinen Kindern, werden sie dir weggenommen. Verhältst du dich nicht artig gegenüber deiner Frau, wirst du sie bald gesehen haben.

Wie du siehst, ist selbst das Private geregelt und gegen diese Regeln zu verstoßen gibt gelbe oder rote Karten oder wird mit Zeitstrafen geahndet. Hat man genügend Karten gesammelt, wird man von dem Spiel ausgeschlossen, es sind keine Spieler mehr da, mit denen man spielen kann!

Regeln und Vorhersagbarkeit haben auch etwas Gutes. Du magst es nicht, wenn du nicht weißt, woran du bist, woran du dich orientieren kannst. Dies nicht zu haben macht unsicher und instabil, verwirrende Zustände die der Möglichkeit auf ein glückliches, zufriedenes Dasein entgegenstehen. Es scheint ein paar Gesetzmäßigkeiten zu geben, nach denen der Mensch zu ticken scheint: Ordnung und Ästhetik*! Wenn Dinge diesen nicht entsprechen, scheint er sie nicht zu mögen und der Mensch mag Dinge dann, wenn es etwas gibt, was er an diesen bewundern kann. Schau dich selbst in deiner Welt um und stelle fest, dass es wenigstens etwas an deinen Dingen gibt, was dich in Anmut* versetzt.

Also, wenn du schon nicht frei sein kannst, dann mache ein Spiel daraus und siehe zu, dass du Spaß daran hast. Weswegen solltest du sonst gelebt haben?

PS: Solange du in diesem Universum bist, wirst du nie wirklich privat sein!

Etwas getan bekommen! - Die Macht der zweiten Person –

Ich entsinne mich einer Baustelle, an der ich abends noch zugange war. Es war gegen 22.30 Uhr, ich war hundemüde, hatte keine Energie mehr und war im Zuge den Kram hinzuschmeißen. Eigentlich gab es nicht mehr viel zu tun, vielleicht noch 30 Minuten Arbeit, aber ich kriegte es nicht mehr hin, meine Moral* war am Boden.

Ich entsann mich einer Grundlage meiner Studien, dass der Praktizierende und der Behandelte stärker sind, als der Verstand (Idee) des Behandelten. Dies ist auch unter anderem der Grund dafür, warum man für mentale Prozesse zu zweit sein sollte, dass jemand da ist der das Kommando hat und führt, nicht dass die Person aufgibt oder auf Abwege kommt. Der Volksmund würde sagen: „Den inneren Schweinehund besiegen."

Ich rief also Stefan an, damaligen Chef und Freund, fragte ihn, ob er vorbei kommen könnte, mir zu helfen, meine Moral zu unterstützen. Er kam tatsächlich, spät am Abend. Seine Präsenz war nun Antrieb genug die Arbeit zu Ende zu bringen.

Es scheint tatsächlich so zu sein, dass die Person in der Regel dem inneren Schweinehund unterliegt, dass die Idee aus dem Verstand stärker ist wie der Wille der Person. Ich hörte mal jemanden sagen, dass nicht die mangelnde Auftragslage der Untergang von Einzelunternehmen sind, sondern das Unvermögen sich selbst zusammenzureißen, für sich selbst die Disziplin aufrecht zu erhalten. Es scheint jemand da sein zu müssen, dem man etwas zu tun schuldig zu sein scheint, am besten natürlich jemand der über einem steht, in Form eines Vorarbeiters oder Chefs. Diese Idee der Verpflichtung seines Vorgesetzten gegenüber macht in der Tat entsprechenden Antrieb aus, bringt die Person dazu Tugenden zu demonstrieren, Verpflichtungen einzugehen und zu erfüllen.

So schaffen es einige Leute nur dann Sport zu treiben, in dem sie sich einer Gemeinschaft anschließen oder ins Fitness-Center gehen. Natürlich wird die Sache zu einem Desaster, wenn alle der Meinung sind, dass heute nichts gemacht wird. Es bedarf also einer übergeordneten Person, die eine Idee aufrecht erhält und diese durchsetzt. Schafft diese es nicht die Idee durchzusetzen, werden alle scheitern. Ein wirklicher Chef ist der einzige Garant dafür, dass Dinge funktionieren, wenn es der Chef nicht schafft, geht die Firma zu Grunde.

Dies erinnert mich an die Tochter meines ehemaligen Schulkameraden Jörg. Sie brachte ständig schlechte Noten nach Hause. Jörg ging also hin, nahm sich die Zeit und übte nun mit seiner Tochter. Siehe da, sie schrieb nur noch Einsen und Zweien. In etwas gut zu sein, ist selten ein Mangel an Fähigkeit, es braucht jemanden der führt, der im Führen wenig Nachsicht zeigt. Wenn man beginnt mit dem Jammern des Anderen übereinzustimmen, verlieren beide - Ein guter Trainer weiß natürlich was geht und was nicht geht. Da man sich also selber nicht in den Hintern treten kann, muss jemand da sein, der es tut!

Die Person bekommt den Kram nicht geregelt? Was konfrontiert sie nicht?! Wenn man sie nun mit der Nase auf die Angelegenheit stößt, welche zu erledigen ist, fängt der Betroffene an sich zu rechtfertigen, wie: Keine Zeit; zu schwer; hab noch anderes zu tun; will meine Freizeit haben; verstehe ich nicht; kann ich nicht; zu viel; usw. oder sie greift dich direkt an, wie: „Kehr erst mal vor deiner eigenen Tür; dein soundso ist auch nicht viel besser; was war eigentlich mit soundso; usw..

Allzuoft wird es dann persönlich, wie: „Du bist zu dumm für ...". Die Sachlichkeit geht verloren, sprich dass man sich nicht mehr genau auf eine Sache bezieht, man ergeht sich in Verallgemeinerungen und wenn man fragt wer genau hat gesagt oder was genau wurde gesagt, bleibt der Gegenüber zu oft eine Antwort schuldig – Verallgemeinerungen sind nun der letzte Akt gegen die Niederlage, beim Versuch den anderen zu bekämpfen.

Nun, all dieses Gerede verhindert nur eins, dass die Dinge erledigt werden! Um wie viel einfacher wäre es sich hinzusetzen und sich zu besinnen, ob die Sache wichtig ist und in einem zeitlichen Rahmen erledigt werden soll ... und, die betroffene Person selbst sollte in Lösungen denken, anstatt zu rechtfertigen oder gar zu attackieren.

Es ist einer schwachen Person vollständiger Untergang, wenn sie mit einer schwächeren Person zusammenkommt. Der Schwächere lebt von der Energie des Stärkeren und der Stärkere muss Energie aufbringen um den Schwächeren dazu zu bringen etwas zu tun. Hört der Stärkere auf Energie hineinzustecken in der Form von: „Jetzt mach mal!", „Das ist ja immer noch nicht erledigt!", werden Dinge nicht getan. Der Schwächere sollte sich zusammenreißen und aufhören sich gegen den anderen zu wenden. Er sollte sich selbst erkennen und froh sein, dass der andere sich um einen kümmert! Tut er das nicht, werden beide verlieren, weil der Schla-massel um sie herum immer größer wird.

Und ja, etwas nicht zu tun, es nicht erledigt zu bekommen ist nur der Gedanke, der die Person davon abhält!

Seinen Kram selbst erledigen

Ja, in der Tat: **Wenn man möchte, dass Dinge erledigt werden, muss man sich selbst drum kümmern, dass sie erledigt werden!**

In der Regel ist es so, dass anstehende Aufgaben in einer ganz bestimmten Form erledigt sein sollen. Der Brief soll so und so geschrieben sein und genau dann abgeschickt sein. Was macht der Mann? „Frau, wirfst du noch den Brief ein?" Nun, sie nimmt ihn mit ins Auto und fährt ihn drei Tage durch die Gegend – Frist versäumt, Probleme und Ärger vorprogrammiert.

Oder: „Könntest du mal gerade ..." Man bringt die angewiesene Person aus ihrem Rhythmus, aus ihrem Vorhaben heraus. Behörden versuchen nun einen gut funktionierenden Ablauf zu erreichen, indem sie Zuständigkeitsbereiche festlegen. Zuständigkeit, jeder hat einen Bereich, den er zu regeln hat. Na, warum macht man dies nicht auch privat? Jeder regelt seinen Kram soweit selbst, somit kann man dem anderen nicht die Schuld geben einen Fehler gemacht zu haben.

„Schatz, holst du mir mal ein Bier?" Die Frage alleine gibt schon etwas Zug-zwang, da man genauso möchte, dass einem der andere auch mal einen Gefallen tut. Besser ist es, dass man auf einer Ebene operiert, wo man die Dinge die einen selbst betreffen auch selbst regelt. Natürlich hat man Gemeinsamkeiten in einem Haushalt, wie gemeinsame Wäsche oder sonstige Haus- und Gartenarbeiten – doch auch dies kann man fair regeln, man sollte zumindest darüber gesprochen haben.

Für jemanden anderes etwas erledigen, eine Empfehlung aussprechen? Eines ist sicher, wenn die Sache daneben geht, dann bist du der Schuldige! Natürlich kann man den einen oder anderen Tipp geben, aber im gleichen Atemzug sollte man darauf hinweisen, dass es bei einem selbst gut ging und nicht sicher sein kann wie es bei dem anderen funktionieren wird. Jeder soll sich um seine Angelegenheiten kümmern, die Unterlagen selbst durchlesen und sich selbst mit den Dingen ausei-nandersetzen. Ich meine, man sollte über seine eigenen Sachen Bescheid wissen! Was geschieht, wenn der andere nicht mehr da ist, der sich um die Angelegenhei-ten gekümmert hat? Jeder sollte in der Lage sein, sein Leben selbst zu regeln.

Seinen Kram selbst erledigen? Leih dir kein Werkzeug oder sonstige Geräte von deinen Bekannten aus! Besorg dir deine eigenen Sachen. Wie schnell geht etwas kaputt, wird beschädigt oder es ist nicht so sauber wenn es zurückgegeben wird! Du weißt auch nie in welchem Zustand die ausgeliehenen Gerätschaften sind. Ha-ben diese schon ihre Zeit auf dem Buckel, können sie schnell zu Bruch gehen. Somit bezahlst du zweimal, einmal für das alte Gerät was kaputt ging und ein neues, weil die Arbeit noch nicht ganz erledigt wurde.

Etwas auszuleihen bedeutet jemandem etwas schuldig zu sein. Kurzum, mit dem Benutzen anderer Leute Güter steht auch die Beziehung mit diesen auf dem Spiel!

Und ja: **Undank ist der Welt Lohn!**

Kommunikation – Der Schlüssel zur Welt

Deine Welt besteht aus diesen acht Dynamiken und das Dasein hat immer etwas mit Kommunikation zu tun. Wenn du von Peter etwas haben willst, wirst du mit ihm reden, es sei denn du bist ein Dieb und stiehlst es.

Wenn jemand einen Unfall mit dem Auto auf der Straße baut, könnte man sagen, dass er nicht ausreichend mit der Straße in Kommunikation* war. Er hatte etwas nicht verstanden, daraufhin falsch gehandelt und es war passiert.

Kommunikation hat nicht nur mit Reden zu tun, sondern vor allem mit Zuhören und **Verstehen.** Die Bestandteile von Kommunikation sind Affinität, Realität und natürlich Sprache – selbst Taub-Stumme haben Sprache!

Wenn du jemanden nicht leiden magst, willst du auch nicht mit ihm reden. Bei näherem Betrachten stellst du fest, wenn du jemanden gut leiden kannst, dann habt ihr Dinge gemeinsam, eine gemeinsame Realität über die man spricht. Je mehr gemeinsame Realität umso mehr Kommunikation, umso mehr Affinität – man neigt sich dem anderen zu. Du hast jemand mit dem du dich verstehst! Aber Vorsicht! Mit jeglichem Übereinzustimmen und das zu tun was andere tun, wirkt nicht authentisch* – Du bist ein Mittläufer, eine Marionette!

Ein Beispiel: Auf einem Manta – Treffen: Manni geht durch die Reihen der hoch polierten und aufgemotzten Autos. Und da steht ein Wagen, der fast so aussieht wie seiner. Er hat sogar die gleichen Felgen und „Boaa eh!", die gleiche Auspuffanlage. Manni spricht den Kerl an der da steht, es ist Gerd der Eigentümer des Autos. „Eh, was hast du denn für die Auspuffanlage bezahlt?" So entwickelt sich eine Unterhaltung und Manni findet heraus, dass Gerd auch Gladbach-Fan ist und Angeln geht wenn er seine Ruhe haben will. Genau wie er selbst! Freunde fürs Leben.

Als Gerd dann heiratet, mit dem Angeln aufhört, den Manta verkauft hat und mit seiner Familie am Wochenende Ausflüge macht anstatt im Stadion zu sitzen, ist die Freundschaft auch ziemlich hin. Wahrscheinlich versteht man sich nicht mehr so, denn vorher war alles anders.

Wie du siehst, kann man sich darum bemühen, Kommunikation zu haben, man brauch nur jemanden anzusprechen. Finde etwas an der Person und spreche sie darauf an, wie etwa „Schöne Schuhe, so etwas will ich meiner Schwester schenken, aber ich hab keine Ahnung wo ich die kaufen kann."

Macht jemand blöd wenn man ihn anspricht, dann zeigt die Person einfach das was sie ist! Sehr gut, du weißt jetzt wie sie ist und bist dir sicher, dass dies nichts fürs Leben ist, musst du nicht haben!!! Dies ist übrigens ein äußerst schlechter Zustand, wenn man auf etwas fixiert ist, etwas haben zu müssen. Es ist immer der persönliche Kopfsalat, der den Menschen davon abhält „frei" zu sein.

Ein Gespräch haben

Leider bin ich was Kommunikation anbelangt nicht sehr belesen, ich meine es gibt da viele verschiedene Formen, wissenschaftlich erarbeitet, jedoch machen die Jungs aus einer Fliege einen Elefanten. Warum soll ich zu einem Thema tonnenweise Stoff einbringen, wenn es dazu eigentlich nicht viel zu sagen gibt? Bis auf ein paar wenige Grundlagen, welche in der Regel nicht schlüssig erarbeitet sind!

Mit dem belesen Sein ist so eine Sache, ich habe vielleicht etwas mehr gelesen als Victoria Beckham*, wie ich kürzlich im Internet sah, soll sie kein einziges Buch gelesen haben, womit einige ihr Intellekt anzweifeln wollen. Allerdings denke ich, dass gelesene Bücher kein Indikator (Anzeiger) für hohen Intellekt sind. Wenn ich mir einen Bekannten betrachte, glaube ich kaum, dass er die Zeit hat Bücher zu lesen. Er ist ein begabter Handwerker, führt erfolgreich eine Firma und eine Familie und das ohne jegliche Ausbildung. Auf der Gegenseite gibt es Gelehrte, die keinen Nagel in die Wand schlagen können und auch extreme Schwierigkeiten demonstrieren, im Hinblick auf das Leben in der Gesellschaft. Woher das wohl kommt? Letztendlich geht es darum, wie man sich im Leben zurecht findet.

Heutzutage wird der Verstand durch Lesen mehr verdorben anstatt gebildet, da in der Regel nie Wörter nachgeschlagen werden und die Qualität des Lesestoffs sehr zu wünschen übrig lässt. Allerdings muss ich hier anmerken, dass ich ohne Lesen nie dort angelangt wäre wo ich jetzt bin, es kommt halt drauf an was man liest.

Der Mensch spricht oft über „einen gesunden Menschenverstand", nur dass er keinen hat. Besser er hätte überhaupt keinen Verstand und würde nur seine Augen zum Sehen benutzen, anstatt zu denken was es mit der Welt auf sich hat. Ich meine, er lässt sich fast alles andrehen, dass jemand zum Beispiel keine Gesprächsbereitschaft demonstriert, wenn er die Arme oder die Beine kreuzt. Dass dies zu einer bequemeren Sitzposition beiträgt oder die Frau sich einfach eleganter fühlt wenn sie dies tut, bedenkt mal wieder keiner – dies zum Thema „gesunder Verstand"!

Eigentlich wollte ich den Titel „Kommunikation" genannt sehen, jedoch habe ich diesen bereits, somit dient dieser Artikel einfach als Erweiterung von „Kommunikation" und „Sprache". Was ist nun eigentlich die unterste Grundlage von Kommunikation? Einige meinen es wäre das Wort oder die Sprache, weil Kommunikation in der Regel mit Reden in Verbindung gebracht wird. Nun, es gibt Leute, die sprechen kein Wort und verstehen sich hervorragend!

Kommunikation kommt aus dem Lateinischen kommunis = gemeinsam, dies ist die unterste Grundlage: etwas gemeinsam zu haben. Wenn jemand chinesisch mit dir spricht, verstehst du kein Wort, also keine Kommunikation, nichts gemeinsames, es sei denn du bist selber Chinese oder kennst die Sprache.

Die moderne Welt spricht über Rhetorik*, Dialektik*, Eloquenz* und macht diese einfache Sache Kommunikation zu einer sehr schwierigen, wissenschaftlichen Angelegenheit. Dieser wichtigsten Grundlage der Kommunikation sollte man nun Folge leisten, wenn man erfolgreiche Gespräche führen will. Bevor nur ein Wort gesprochen ist, können die ganzen Verhandlungen schon gescheitert sein, wenn man die Sitten und Gebräuche des Gegenübers nicht kennt und nicht beherzigt.

Hier in der westlichen Welt zieht man sich des Anlasses entsprechend an und begrüßt sich mit einem Handschlag, so die Männer in Deutschland. In Italien oder der Russischen Föderation umarmt man sich und gibt sich einen angedeuteten Kuss auf die Wange, selbst unter Männern. Man zeugt Respekt, wenn man Manieren* zeigt, die Sitten und Gebräuche achtet. Dies nicht zu tun kann den Anschein von Arroganz erwecken und wie bekannt: Hochmut kommt vor dem Fall! Wenn man die Sitten und Gebräuche nicht kennt, sollte man zumindest höflich und zurückhaltend sein, und sich so verhalten wie die anderen, es sei denn man wird aufgefordert etwas bestimmtes zu tun.

Der nächste wichtige Punkt ist Aufmerksamkeit. Man ist nicht abgelenkt und hört dem Gegenüber zu was er zu sagen hat. Hat er seine Aussage beendet, bestätigt man das mit „ok" oder einem Einlenken auf das Thema. Keine Aufmerksamkeit auf den Gegenüber zu richten oder zu zeigen, dass die gesendete Kommunikation angekommen ist, ist sehr unhöflich und entscheidend über den weiteren Gesprächsverlauf.

Hier möchte ich erwähnen, dass es wichtig ist seine Nachbarn/Mitmenschen zu grüßen und freundlich zu sein und im besten Falle ein wenig Zeit zu bieten. Durch Grüßen zeigt man, dass man den anderen bemerkt und man zeigt, dass man nicht arrogant ist, was der Gegenüber wahrscheinlich direkt denkt, wenn man nicht grüßt.

Weiterhin sei man mit der Diktion dem Gegenüber angepasst. Diktion heißt so viel wie Wortwahl - Ein weiterer Punkt den man gemeinsam haben kann und viel Gewicht zeigt um Sympathie aufzubauen und um tatsächlich verstanden zu werden.

Ein sehr menschliches Indiz über den Gesprächsverlauf ist die Mimik, also das, was im Gesicht des Gegenübers zu sehen ist. Ich meine, du siehst es ganz deutlich ob jemand frohen Mutes oder genervt ist, erkenne dies und handele entsprechend. Du kannst zum Beispiel fragen was verkehrt läuft, nicht passt oder den Gegenüber stört oder das Thema wechseln, wenn man merkt, dass der andere nichts zu sagen hat. Kommunikation steuern macht man mit Fragen. Je mehr Informationen man über den anderen hat, umso mehr zielgerichtete Kommunikation lässt sich aufbauen.

Bedenke, dass es jedes Einzelnen Entscheidung ist, Kommunikation zu haben oder nicht zu haben. Wenn jemand nicht mit dir reden will, so akzeptiere dies. Genauso musst du den Punkt erkennen aufdringlich zu sein, versuch es zu vermeiden. Wenn du mit dem Gegenüber ein angenehmes Gespräch führst, wird er sich wieder mit dir unterhalten.

Eine Person fühlt sich verstanden, wenn du die Idee nimmst, welche sie dir durch ihre Worte gibt. Man muss nicht direkt seine Meinung breit machen, sondern hinterfragen was sie mit der ausgedrückten Idee genau meint und wie sie noch dazu steht. Man kann die Idee des anderen in die Antwort einbauen.

Wenn dir der Gegenüber erwähnt, dass er sich sein Knie gestoßen hat, dann erzähle ihm nicht im gleichen Atemzug, dass dir vor zwei Tagen dasselbe passiert ist. Frage ihn wie das passierte und lass ihn darüber erzählen. Oft ist es so, dass der Gegenüber mit seinen ersten Worten ein „Fass aufmacht". Nur mit dem Unterschied, dass der Inhalt herausquillt. Wenn du nun hingehst und stoppst das Ganze mit einem nicht angebrachten Kommentar oder eigener Erfahrung, wirst du keine erfolgreiche Kommunikation haben, lass das „Fass leer laufen". Wirkliches zuhören ist vielleicht eine Kunst und es ist bemerkenswert festzustellen, dass man kaum jemanden findet, der wirklich zuhört.

Emotionen kann man in dem Maße abbauen, wie man jemanden hat, der einfach zuhört, zu dem was man sich in seiner Gedankenwelt genau anschaut. Durch das Anschauen und die Kommunikation dessen löst man sich aus fixierter Haltung und kann danach wieder frei atmen, seine Aufmerksamkeit frei lenken. Dies aus meiner Zeit als Praktizierender. Hier sei auch erwähnt, dass es sich auf jeden Fall lohnt einen vernünftigen Kommunikationskurs zu belegen, der einem zeigt seinen eigenen Kopfsalat in einer Kommunikation im Griff zu halten und wie man den Gegenüber zum Weiterreden ermutigt oder gegebenenfalls stoppt, falls er nur noch ohne Sinn daher plappert. Kommunikation heißt auch in der Lage zu sein, seine Fragen beantwortet zu bekommen und nicht abzuweichen.

Erfolg im Leben hat viel mit Kommunikation zu tun, da das Miteinander immer eine Art Partnerschaft ist, sei es als Lebensgefährte, Chef oder Untergebener. Kommunikation ist die Bande dieser Partnerschaft. Zerbricht die Kommunikation, wird auch die Partnerschaft zerbrechen. Schau es dir an, eine Ehescheidung kann dein Ruin bedeuten, mehrere zehntausend Euro. Genauso der Erhalt und das Behalten einer Arbeitsstelle. Es ist immer eine Form der Kommunikation, wie man der Sache begegnet. Scheue dich nicht davor, in dich selbst zu investieren.

Bevor man nun in ein Gespräch startet, sollte man ein Konzept haben wie man vorgeht und welches Ziel man zu erreichen wünscht. Bei besonders wichtigen Gesprächen sollte man dies zuvor in einem Rollenspiel eingeübt haben, wobei der

Trainer versucht die tatsächliche Situation darzustellen.

Sagen wir, du bist auf einer Zugreise. Gegenüber befindet sich nun eine junge Dame, die du gerne kennenlernen möchtest – Dieser Text soll kein ausführlicher Ratgeber darstellen -. In der Regel identifizieren sich die Menschen sehr stark damit was sie anziehen, in dem Sinne, dass es kleidsam sein soll. Schuhe, Markenkleidung oder Schmuck können etwas Besonderes für die tragende Person darstellen. Somit kann man ein Gespräch starten, in dem man das Besondere an der Person bemerkt. Wie zum Beispiel: „Das sind schöne Schuhe, ich hab mal ein ähnliches Modell in Italien gesehen. Waren Sie auch schon mal dort?" Es wird sich zeigen, ob die Dame auf die Kommunikation eingeht.

In diesem Sinne sollte man gewandt im Stellen allgemeiner Fragen sein, ohne mit der Tür ins Haus zu fallen. Vielleicht kann man auch eine lustige Geschichte erzählen, was man schon erlebt hat, um das Eis zu brechen und die Atmosphäre aufzuheitern. Mit dem Wissen über die berufliche Tätigkeit des Gegenübers oder den Lieblingsbüchern/Hobbies wird man auch schnell einen Einblick in den geistigen Horizont des anderen haben, um vielleicht etwas zu finden was man gemeinsam hat oder gemeinsam haben kann, vielleicht macht der andere etwas vorüber man schon immer etwas mehr wissen wollte.

Apropos, noch eine Kleinigkeit. Es gibt da eine sehr menschliche Sache, die dir Türen öffnen wird, welche selbst nicht durch den höchsten IQ zu öffnen sind: Charme. Charme bedeutet so viel wie Liebreiz, also den Reiz lieb zu haben. Der Mensch wird sich nie darum bemühen Dinge um sich herum anzuhäufen, die er nicht mag. Dies ist also der Umkehrschluss. Immerzu zu lächeln ist nicht angebracht, aber im richtigen Moment ein entgegenkommendes Lächeln zu zeigen ist in der Tat der Schlüssel für die Tür!

Bedenke, das äußere Erscheinungsbild ist ein wesentlicher Faktor. Dein Gesicht wird wahrscheinlich zu einer Grimasse mutieren, wenn dir eine dicke Vettel* ein einladendes Augenzwinkern zuwirft. Sei adrett*!

PS: Abschließend möchte ich sagen, dass es selten ist ein interessantes Gespräch zu haben, es liegt an jedem Einzelnen ob es weiterhin so sein wird.

Das Date

Jetzt kommt es drauf an, der erste Moment ist oftmals entscheidend. Dein äußeres Erscheinungsbild muss stimmen. Rasiert, Haare gestylt oder geschnitten, Kleidung sauber – du natürlich auch -, solltest du ein Deo oder Parfum benutzen, achte darauf, dass es nicht aufdringlich wirkt. Bedenke, hat ihr Ex das gleiche Parfum benutzt, weckst du wahrscheinlich schlechte Erinnerungen. Sei pünktlich, ein Zeichen dafür, dass dir das Date wichtig ist. Wenn du nicht mit deinem Auto kommst, sag ihr das und den Grund warum, steh zu dir selbst. Zeige, dass du höflich sein kannst und trage dein Sonntagslächeln.

Findest du den ersten Eindruck wirklich gut, hast du dir zuvor einen kleinen Gimmick – eine Besonderheit - einfallen lassen. Zum Beispiel ein kleines Stück eingepackte Schokolade mit einem lieben Zettel: „Das zweite süße Stück heute Abend." Macht Eindruck und zeigt dein Engagement. Falls ihr euch in einem Café trefft, bist du nicht dazu verpflichtet die Rechnung zu zahlen.

Übrigens war ich am Telefon oft schon so vertrauenswürdig, dass das erste Date bei der Dame zu Hause stattfand. Ich hab mich auch schon selber zum Essen bei der Dame eingeladen, zum ersten Date. Ich machte einfach den Vorschlag, dass wir etwas zusammen kochen, ich brachte die Zutaten mit, sie kochte und ich unterstütze so gut ich konnte. War lustig. Ist übrigens auch besser, anstatt im Café einander gegenüber zu sitzen. Ein Treffen zu einem gemeinsamen Spaziergang oder Schaufensterbummel geht auch. Sei darin etwas erfinderisch, bringt eine lockere Atmosphäre.

Hast du die Idee, dass es mit der Dame nicht klappen könnte, sie dir nicht gefällt usw. Sag ihr das. Ist es umgekehrt, reiß dich zusammen und lass sie in Ruhe. **Denke daran, der See schwimmt voller Fische.**

Bist du dann voller Euphorie, weil du jemanden gefunden hast, mit dem es klappen könnte, halte dich mit deinen Anrufen und Besuchen etwas zurück. Versuche das Ganze umzudrehen, dass sie sich auch um dich kümmert. Versuche nicht zu drängen, Druck bringt Gegen-Druck. Deine Taktik sollte Hingreifen und Zurückziehen sein. Bedenke:

- **Versuche, anderen nicht etwas anzutun, was du nicht selbst erfahren möchtest.** (LRH)
- **Versuche, andere so zu behandeln, wie du von Ihnen behandelt werden möchtest.** (LRH)

Der Richtige

„Wahre Liebe!" Welch ein Glück! Man hat Schmetterlinge im Bauch, die Welt erscheint mit ihren Farben freundlicher, die Sonne erstrahlt in neuem Glanz. Man steht wohlgemut des Morgens auf und entgegnet dem Tag hoch motiviert, keine Arbeit scheint zu schwer, kein Problem zu groß. Die Zukunft ist voller Hoffnung!

Es gibt nur eine Sache die den Menschen so beflügelt: Die Liebe! Nun, die vollständige Bruchlandung ist der Verlust einer geliebten Person – das Dasein versinkt in ein melancholisches* Grau, alle Hoffnung verloren, das Leben hat keinen Sinn mehr.

Was passiert da mit dem Menschen? Aus welch tiefem Morast wird der Mensch durch das Gefühl der Liebe herausgezogen? Wie tief ist der Mensch geistig gesunken, dass es ein Gefühl gibt, welches ihn so erblühen lässt? Der Mensch ist von seiner Vergangenheit überwältigt. Er ist zum Zuschauer degradiert, oft ein unfähiger Akteur. Einige sind gar bereit, sich für eine Liebe das Leben zu nehmen. Nun, so ein Quatsch. Man kann sich höchstens des Körpers berauben, aber das Leben nehmen geht nicht. Das Leben bist du selbst, nicht der Körper. Du kannst höchstens dem Körper „Leben" geben. Du bist derjenige der das Dasein empfindet. Du spürst die Sonnenstrahlen auf der Haut, den Schmerz wenn der kleine Zeh am Tischbein anstößt, das Gefühl der Liebe, welches auch von irgendwo her kommt, seinen Ursprung hat. Wahrnehmen heißt die Impulse der Umgebung zu empfangen.

Dies ist wohl ein Zahn den man einigen ziehen muss. „Wahre Liebe" bedeutet, dass man von einem Gefühl überwältigt ist, ein Gefühl, dass so stark ist, dass man seine Sinne verliert, aber nur deshalb, weil man seine wirkliche Stärke längst verloren hat. „Wahre Liebe" bedeutet, dass man seiner eigenen Vorstellung hinterher läuft. Bevor man eine Beziehung beginnt, hat man einen Traum: eine Vorstellung davon wie die Beziehung sein soll. Entfacht sich nun die Liebe zu einer Person, schaut man auf seinen Traum. Wahrscheinlich nimmt man nicht mal mehr die Person gegenüber wahr, mit ihren Fehlern und Eigenarten, man hat nur noch dieses Gefühl und seinen Traum!

Hast du einmal einen kleinen jungen Hund erlebt, wenn Herrchen oder Frauchen nach Hause kommen? Der Hund kann so überschwänglich in seiner Freude sein, dass er alles los lässt, auf den Boden uriniert.

Zu lieben bedeutet ein Gefühl zu empfinden. Dieses Gefühl wird von der „Seele" gesendet. Die Seele ist eine Wesenheit, sie ist der Verstand von Kühen, Hunden, Katzen ... von Tieren oder sprich: Dem Herrscher des Organismus. Die Seele gibt dem Organismus den Impuls zum Überleben: zur Aufnahme der Nahrung und Fortpflanzung. Sie agiert auf einer gröberen Ebene wie du (Geist), rein technisch gesehen. Da du halt in einem Körper steckst, empfindest du die Impulse der Seele. Du steckst im Kopf und die Seele in der Magengegend, deswegen hat man beim verliebt sein ein Kribbeln im Bauch. Das Gefühl der Liebe ist technisch gesehen ein Energiefluss auf bestimmter Wellenlänge, schwacher elektrischer Strom. Es gibt mentale Prozesse bzgl. dieser Energieerscheinung. Du bist ein geistiges Wesen und denkst in Bildern schwacher elektrischer Energie, somit kannst du jeglicher Art Energieimpuls auf gewisse Weise begegnen.

„Liebe" zu empfinden ist eine schöne Sache, es ist nichts daran verkehrt. Allerdings ist eine Menge daran verkehrt an diesem Energieimpuls zu Grunde zu gehen! Somit schauen Männer Frauen nach und Frauen Männern, wäre dem nicht so, wären die Tage des Menschengeschlechts längst gezählt. Im Tierreich gibt es nicht viel Aufhebens um die Sache mit der Fortpflanzung, nur der Mensch macht unter seinesgleichen daraus ein riesen Affentheater, verkompliziert diese Sache mit Eifersucht und moralischen Werten, die er selbst für gut dünkt* – und selbst diese, die darüber predigen halten sich nicht daran!

Man hat es mit subtil* denkenden und empfindsamen Wesen zu tun und in diesem Sinne sollte man sich in Acht nehmen. Die gedachten Moralregeln dienen eigentlich zum Selbstschutz.

Somit, könnte man sagen, ist die Liebe eine rein seelische Angelegenheit. Schau es dir an: „Liebe auf den ersten Blick", du siehst den anderen zum ersten Mal und hast schon diese Empfindung. Du hast dich in den Körper des Anderen „verliebt", die Person an sich, ihre Wesenheit kennst du noch gar nicht. Mit dem „jemand kennen" ist sowieso eine Sache für sich.

Der Mensch kennt sich selber nicht. Es gibt Situationen in denen er auf eine bestimmte Art reagiert die er an sich selbst gar nicht kennt. Anschließend entschuldigt er sich für sein Fehlverhalten. Der Verstand des Menschen ist vermasselt! „Eine Beziehung" scheitert nicht an der Liebe, sondern an des Menschen durchgeknalltem Verstand und daran, dass er kein vernünftiges Handbuch über „Den Umgang mit seinen Artgenossen" hat. Selbst „Was du nicht willst, was man dir nicht tu, füg auch keinem anderen zu", funktioniert nicht, wenn die Person verschossene Parameter* hat, falsche Vorstellungen über richtig und falsch.

Kein Wunder, nur ein Genie wird ein geniales Buch schreiben sowie der Wahnsinnige nur Wahnsinn verkündet, egal wie ausgeklügelt dieser sein mag – setze dich mit deutschem Steuerrecht auseinander und du weißt wovon ich rede. Ebenso die Heilmethoden der Psychiatrie und der Medizin sowie die Ausbildung und selbst verzehrenden Demokratien des 20ten Jahrhunderts.

Die Odyssee* bei der Sache Mensch ist, das Unvernunft Vernunft nicht erkennt und folglich nicht anerkennt. Unvernunft ist Unvernunft und dies ist das Gros* der Menschheit.

Der Richtige? Nun, bist du denn die Richtige für ihn? Der Mensch ist was er ist. Ist denn dein Gedanke der Richtige? Und schaust du tatsächlich auf den Menschen vor dir und nicht auf deinen Gedanken?! Wahrscheinlich kann der Mensch nie so vollkommen sein, wie sein Gedanke es ist.

Der Richtige: Wo Finden? Du findest ihn dort, wo auch deine Gedanken kreisen. Der Richtige ist dann der Richtige, wenn man eine gemeinsame Ausrichtung hat, gemeinsame Interessen hegt, was nicht bedeutet, dass man keine gemeinsamen Interessen finden kann! Sich einfach zu verlieben und Sex zu haben ist keine Schwierigkeit, es ist wie ein Bekannter schon sagt: „Ist die Liebe aus dem Wein gemacht, so hält sie wie der Wein, nur eine Nacht." Ebenso „Liebe auf den ersten Blick", man liebt sich nur der Liebe wegen, aber es geht bei Leibe nicht darum einen Bund fürs Leben zu haben. Wenn du ihn dann gefunden hast, sag ihm, dass du ihn liebst, dass jeder Tag ohne ihn ein verlorener Tag ist. Tust du dies nicht, wie will dieser sonst wissen, was dir an ihm liegt?

Liebe? Ist dies nicht nur Eigennutz, die ganz persönliche Empfindung oder gar nur deine sexuelle Befriedigung? Wie viel Raum gibst du dem anderen? Wie viel bist du wirklich für den anderen?

Verliebt sein? Was ist die größere Empfindung? Glücklich zu sein, dass der andere da ist oder der Schmerz der Trennung und die Ungewissheit ihn wieder zu sehen, die Sorgen wenn er weg ist? Man könnte sagen, dass wenn man verliebt ist, man selten glücklich ist. Aber das Glück dann zu spüren, sich in den Armen zu liegen, wiegt alles auf! Ja, so ist es, der Mensch baut sich sein eigenes Gefängnis!

Unglücklich verliebt*? Den anderen nicht verletzen zu wollen? Dies wird nicht ausbleiben! Es gab wohl nirgends mehr Wunden wie auf dem Schlachtfeld der Liebe, mehr als in allen Kriegen zusammen, da wahrscheinlich jeder mindestens einmal bei der Liebe Verluste hinnehmen musste.

Flirten bedeutet, dem anderen ein Zeichen zu geben, dass man mit ihm etwas zu tun haben möchte um eine Liebelei* einzugehen. Tue es nur wenn du es auch wirklich so meinst! Und weise es ab, wenn du es nicht willst oder einen Partner hast. So kannst du viel Herzschmerz, unnötige Kontakte und Anrufe vermeiden. Halte dich mit deiner Zuneigung zurück und setze sie voll dort ein, was du haben willst.

Liebeskummer? Ja, eine Verflixung im menschlichen Dasein! Grundlegend hat der Mensch den natürlichen Impuls und auch den Wunsch sich zu verlieben, er möchte diese Sache, genannt Liebe, haben.

Liebeskummer entsteht aus zurückgewiesener Liebe. Man möchte dem anderen seine Liebe geben, doch dieser lehnt sie ab. Vielleicht (a) hat man sich unglücklich verliebt, man ist nicht sein Typ bzw. der andere ist vergeben oder aber (b) die Beziehung ging in die Brüche und man geht getrennte Wege, obwohl man noch immer Gefühle für den anderen hegt.

Problem jedenfalls ist: Man hängt im Schlamassel! Und dieses Gefühl lässt sich nun mal nicht einfach so abschalten. Tatsache ist, dass man mit seinen Gedanken in der Vergangenheit hängt. Du musstest den anderen erst kennenlernen, bevor du für ihn Gefühle entwickeln konntest. Dann hat man sich entweder geliebt und es ging entzwei oder würde den anderen gerne lieben, dies bleibt allerdings versagt, woraus der Kummer entsteht. Du schaust also tatsächlich auf ein Bild aus der Vergangenheit, was du gerne in der Gegenwart realisiert haben möchtest.

Zwinge dich dazu mit deinen Gedanken in die Gegenwart zu kommen, deine Gedanken dorthin auszurichten, was du noch alles haben kannst. Einige reden davon, dass man sich ablenken soll. Nein, es ist kein ablenken, es ist das Neu-Ausrichten deiner Gedanken! Du kannst deine Gedanken fokussieren, indem du dich auf etwas konzentrierst, wie das Vergraben in beruflicher Tätigkeit, Sport oder Engagement in einem Verein.

Noch besser ist, wenn du dich einfach auf neue Partnersuche machst ... es gibt

Millionen die eine Partnerschaft suchen! Und heule dem neuen Partner nicht vor, was dir passiert ist, es ist Gift für einen Neuanfang – wie würdest du dich fühlen, wenn du von deinem Partner immer hörst, dass er an einen anderen denkt?

Konzentriere dich auf den Neuen und gib dir Mühe diesen kennenzulernen, ohne Vergleich mit dem Alten! Wenn du aber deine Gedanken nicht vom alten lösen tust, sie auf den Verflossenen richtest, wirst du Rückschläge erleiden, du musst daran arbeiten loszulassen, nicht mehr anrufen, nicht mehr treffen … es wird es nur verschlimmern!

„Wahre Liebe" ist das was sie ist: Ein Traum! Vielleicht denkst du wie ich, wenn du eine Beziehung mit jemandem eingehst, soll es für die Ewigkeit sein, genauso wie der Traum den du träumst. Wer sagt nun, dass man Träume nicht leben kann? Nur vielleicht ist es irgendwann an der Zeit aufzuwachen und einen anderen Traum zu träumen!

Ach, hätte ich all dies bloß nicht gelesen! Nun, Dinge sind so wie sie sind, es liegt an einem selbst sie zu verstehen. Wenn du die Dinge selbst verstehst, wird dich keiner mehr an der Nase herumführen können!

PS: Und in diesem Theater steckt der Mensch. Er sieht nicht mehr das Spiel als Spiel, sondern macht aus allem eine todernste Angelegenheit.

Sex

Sexualität ist im Hinblick auf das Leben so wichtig wie Essen und Trinken, der einzige Garant für den Fortbestand der menschlichen Rasse.

Der Mensch stellt fest, dass Sex eine große Wirkung ausübt. In dem Sinne, dass er durch Sex manipulierbar ist, aus diesem Verlangen heraus Dinge tut, die man aus purem Verstand heraus nicht tun würde, dieses Verlangen nach dem anderen so stark sein kann, dass Würde, Anstand, Regeln und Gesetz ihre Gültigkeit verlieren, nicht mehr beachtet werden. Um dies irgendwie einzubremsen macht er Sex schlecht. Im Falle der kath. Kirche ist es sogar verboten, mit dem Erlass des Zölibats*, obwohl ‚der Chef in seinem Buch'* verkündet: „Zeuget und mehret euch!"

Der Politiker spricht nun über moralische Werte, dass Pornographie verboten werden muss, die Freudenhäuser aus der Stadt verbannt – nur, dass er später dort zu finden ist. Er macht Sexualität schlecht, selbst die Jugend muss davor geschützt werden. Ich meine, der hat da irgendetwas nicht verstanden! Wenn du als Mensch in dieser Gesellschaft Politiker werden willst, hast du praktisch verloren: „Was? Der kandidiert für die Fraktion? Der war doch früher mal mit der Lissi zusammen, der jetzigen Puffmutter!" Moralisch nicht einwandfrei, in der Jugend den falschen Umgang gehabt! Eine unbequeme Person loswerden? Häng ihr eine Affäre an!

So bleut man der Jugend ein, dass Sex etwas Schlechtes sei. Was ist nur so schlecht daran? Peter verliebt sich, vergnügt sich mit seiner Freundin und diese betrügt ihn mit einem anderen. Die Beziehung scheitert, Peter ist verletzt und muss sich zu allem Übel mit einer fraglichen Vaterschaft herumstreiten. Ja, dies tat weh, es gab Verluste und einen Haufen Ärger. Aber was hat das eine mit dem anderen zu tun? Wenn eine Beziehung unglücklich verlief, muss Sex doch nicht schlecht sein? Das Kind aus dieser Beziehung erfreut sich des Daseins und geht seines Weges.

Ist es die Verantwortung die man dem Kind gegenüber hat? Vielleicht trifft dies den Nagel auf den Kopf, sag jemanden, dass er Verantwortung übernehmen soll und er sucht das Weite – Unfallflucht, wenn du verstehst.

Thomas ist jetzt Vater. Wir wechselten ein paar Worte über die Sache und er meinte, dass auch er zu hören bekam, dass Sex eine schlechte Sache sei. Er ist jetzt 41 und kümmert sich um das Baby. „Wenn ich nun mit 20 Jahren Vater geworden wäre, wäre es halt so gewesen", sagt er, „Das Leben geht auch unter diesen Umständen weiter und es hat seine schönen Seiten!"

Mein alter Herr schreibt in seinen Büchern, dass die Leute im römischen Reich mit 13, 14, 15 Jahren einen Job bekamen und verheiratet wurden, zum Beginn der Geschlechtsreife, die natürliche Entwicklung. Die Menschen heutzutage meinen es besser zu wissen und verstoßen gegen einen natürlichen Prozess, erlassen Gesetze und machen allerlei Aufhebens um diese Sache.

Der Mensch hat nun mal den Impuls zur Fortpflanzung, eine natürliche Einrichtung. Zu einem Körper gehört nun mal Sexualität. Für einige Eltern scheint es einer Tragödie nahe zu kommen, wenn das Kind sich selbst befriedigt … es ist schlecht … schlecht … schlecht, das Kind fühlt sich dann auch schlecht darüber und schämt sich. Auf diese Weise gibt es den sexuell verklemmten Erwachsenen, dessen Beziehung dann scheitert, wenn er in sexueller Hinsicht seinem Lebenspartner gegenüber versagt, er es ihm nicht richtig „besorgen" kann.

Befriedigung, seinen Frieden haben … der sexuelle Impuls wirkt auf die Person ein und die Person will ihren Frieden haben, genauso wenn man hungert, dürstet oder friert. In der Pubertät entdeckt der Mensch seine sexuelle Gefühlswelt und befriedigt den dort entstehenden Impuls. Man entwickelt Verlangen für das andere Geschlecht und stellt fest, dass wenn man von dem anderen an den sexuell entsprechend ausgerichteten Stellen berührt wird, die Empfindungen viel intensiver sind, die Befriedigung höher ist. Mein Gott …, es ist nun mal ein Körper und der Körper ist entsprechend ausgelegt, basta! Es gibt da kein Richtig oder Falsch. Nur der Mensch erfindet eine Moral dazu – vermasselter Verstand!

Eine Ex-Freundin von mir meinte dazu: „Es ist erlaubt was Spaß macht." Es sind also die Dinge in sexueller Hinsicht richtig, das zu tun, was den anderen befriedigt, so dass dieser Freude an seiner Lust empfindet – also frag ihn was er möchte, was ihn am meisten erregt. Keiner mag eine langweilige Beziehung!

Als ich sie fragte, wie oft dass sie an Sex denkt, sagte sie: „Immer!" Schläft das sexuelle Verlangen nach dem anderen in der Beziehung ein, ist diese Beziehung gefährdet. Der sexuelle Impuls ist noch immer vorhanden, es ist etwas, was man nicht so einfach abschaltet. Du hörst dann zu hungern auf, wenn du gegessen hast!

Weiterhin ist Sexualität ein Stück Lebensqualität, wie würdest du reagieren, wenn du in deinem Leben nur schlechte Qualität bekommst, wo du doch weißt, dass es besseres gibt? Ein schönes Leben zu leben hat damit etwas zu tun, wie die Qualität davon ist, gut oder schlecht. So ist schlechte Qualität in der Regel nicht gut haltbar.

Es herrscht da ein wenig Verwirrung was Liebe und Sex anbelangt. Man hört auch, dass man Liebe macht, also Sex hat. Eines sollte jedem klar sein, die Liebe erwächst aus dem Impuls zur Sexualität. Liebe ist das Gefühl was man in sich trägt, was zur Sexualität hinaus läuft, ein eingerichteter Mechanismus im Menschen. Manche Menschen verlieben sich auf den ersten Blick, bei anderen entwickelt sich dieses Gefühl im Laufe der Zeit, einige stellen die Liebe zu dem anderen erst fest, wenn dieser nicht mehr da ist.

Es gibt ein paar Schlüsselpunkte zum Einschalten dieses Mechanismus, das ist der Grund, warum sich Frauen gegenüber Männern so verhalten wie sie sich verhalten und so anziehen wie sie sich anziehen, es läuft auf Sexualität hinaus, auf den anderen eine Wirkung erzielen, gefällig zu sein oder gar geliebt zu werden. Es genügt auch, wenn man den anderen durch Worte antörnt, weil auch Worte diesen Impuls aktivieren. Es sind die Gedanken, die einem durch den Kopf gehen. So schauen Männer Frauen nach und Frauen Männern. Der Impuls zur Sexualität ist beinahe allgegenwärtig. Jedenfalls kann man sich in dieser Gesellschaft mit ihren Moralregeln viel Ärger ersparen, wenn man monogam* ist.

Eifersüchtig zu sein und beinahe durchzudrehen, wenn der Partner einem/einer anderen nachsieht ist fehl am Platz! Es ist nur nachgesehen worden wegen eines Impulses und es mag den einen oder anderen Gedanken dazu geben, jedoch entscheidet man es zu tun oder nicht zu tun, oder ist man selbst in der Beziehung so schlecht, dass man sich ernsthaft Gedanken machen muss, ob der Partner mit jemand anderem liebäugelt? Oder ist es doch der falsche Partner? Allerdings ist das Hinterherstieren schon etwas taktlos. Wenn einem nachgeguckt wird mag schmeicheln, aber wehe der eigene Partner schaut einer anderen nach, dann ist die Toleranzgrenze oft schnell erreicht.

Er hat es nur auf das Eine abgesehen … natürlich, es geht genau in diese Richtung und es ist nicht schlecht! Oder, warum unterhältst du sexuelle Beziehungen zum anderen Geschlecht? Stell dir vor, dein Partner hätte keine Geschlechtsorgane und würde körperlichen Kontakt nicht mögen, auch nicht mal kuscheln oder in den Arm nehmen!

Was in der Tat erfüllend ist, ist mit einem Menschen Sex zu haben den man liebt. Bloßer Sex ist keine wirkliche Bande, nicht Vertrauen tragend, was man sich wünscht und für eine spätere Familie so wichtig ist. Wirkliche Liebe ist ein starker Bund, jedoch sehr wankelmütig, wenn man gegen ihre Regeln verstößt!

Sex ist eine des Menschen eigentümliche Sache und er sollte in dieser Hinsicht frei sein. Besser es ist so, dass sich der Junggeselle im Freudenhaus amüsiert oder sich mit Pornographie bildet, anstatt eine Frau zu vergewaltigen. So meinetwegen der sexuell verklemmte Ehemann der seine Frau betrügt – der letztendlich Opfer dieser Gesellschaft wurde, von den Leuten, die Sex schlecht machen. Und tatsächlich ist es so, dass die Gesellschaft sich selbst zum Opfer macht, ihr eigenes Bestehen verkompliziert, dadurch dass sie eine natürliche Sache aus der Natürlichkeit verbannt!

Sich schämen dem anderen nackt gegenüber zu treten? Nun, nobody is perfect*! Und, du brauchst dich wirklich nicht zu schämen! Teenies* lesen die Bravo* und Pornos* hat wohl schon jeder gesehen! Man weiß wie der andere nackt aussieht.

Geiler Sex? Es ist nicht der Geschlechtsverkehr an sich. Geilen Sex hat man, wenn man den anderen richtig scharf macht, er es nicht mehr erwarten kann berührt zu werden. Tatsächlich ist es das Vorspiel, was das ganze ausmacht, es gibt nicht umsonst das Wort „reizen", es bedeutet unter anderem, dass man etwas herausfordert und dass der andere sich darauf vorbereitet. Man reizt den anderen nicht, in dem man ihm direkt zwischen die Beine greift oder unbeholfen unterm Pullover rumfummelt ... man nähert sich dem Ganzen an und zieht sich wieder zurück.

Der Wunsch Wirkung zu sein

Nun, im Leben etwas zu erfahren bedeutet Wirkung zu sein. Man ist Wirkung von etwas, wenn man die Sache mit seinen Sinnen erfährt, es ist die Wahrnehmung, die auf einen einwirkt.

Nehmen wir Sex als Beispiel. Sex zu haben ist gewollt, es sind die angenehmen Empfindungen, die man empfängt. Aber es muss eine Aktion stattfinden, um das Gefühl zu empfinden, somit muss es eine Ursache geben. Also ist es in der Partnerschaft so, dass man es wünscht die Wirkung seines Partners zu sein. Allerdings vergessen einige dabei, dass man auch Ursache sein kann, wobei eine gesunde und funktionierende Partnerschaft zu gleichen Teilen aus Wirkung und Ursache besteht. Einige sind in der Partnerschaft nur noch Wirkung und lassen sich sagen wo der Hase lang läuft, ohne selbst Verantwortung zu übernehmen, da Verantwortung etwas mit Verursachung zu tun hat, um auch für die Konsequenzen gerade zu stehen.

Es gibt dann die irrationale Einstellung, die besagt, dass wenn man beim Sex Wirkung sein möchte, auch bei alltäglichen Situationen still zu halten hat. Vielleicht schwingt auch der drohende Verlust mit, dass wenn man aufbegehrt, seine Meinung und Willen durchzusetzen versucht, die Liebe verlieren würde. Wie weit ist man selbst gesunken? Ist man zum Sklaven einer Wirkung geworden? Dies ist dann einer der Gründe, warum Sex schlecht ist. Wobei die Einladung zur Empfindung auch negative Begleiterscheinungen hat, wie Geschlechtskrankheiten oder ein ungewolltes Kind. Dies sind dann Dinge die man beim Sex nicht haben möchte, wobei die positiven und negativen Phänomene über einen Kamm geschert werden und das ganze Thema schlecht gemacht wird. Auch gibt es die Neider, diejenigen die einem nicht das gönnen, was man hat. Aus deren Mund kommt dann oft nichts Gutes.

Interesse an etwas bedeutet den Wunsch davon Wirkung zu sein. Ein erfüllendes und glückliches Dasein wird man aber nur erleben, wenn man Ursache ist und Wirkung zulässt. Du willst also Motorrad fahren. Du bist in der Ursacheposition bei deiner Entscheidung das Motorrad zu kaufen. Du gelangst in eine Wirkungsposition, wenn es darum geht, das Motorrad zu unterhalten, selbst wenn es um den freudigen Teil, des Motorradfahrens geht. Du bestimmst zu beschleunigen und dich in die Kurve zu legen, aber zugleich erfährst du die Wirkung der auftretenden Kräfte und die Grenzen der Physik. Und es ist genau dieses Verhältnis zwischen Ursache und Wirkung, was dir Freude bereitet, um auch zu sehen, dass du die Kontrolle über das Motorrad hast, wobei der Verlust der Kontrolle das Gegenteil von Freude darstellt, der Schmerz, was die Wirkung darstellt, die du beim Motorradfahren nicht erleben möchtest!

Bildung und Erziehung hat in dieser Kultur viel mit Wirkung zu tun. Im Unterrichtssaal zu sitzen und zuzuhören oder die Zurechtweisung der Älteren setzen dich in eine Wirkungsposition. Natürlich muss man beim Lernprozess erst Wirkung sein, um die Daten aufzunehmen, jedoch fehlt zu oft der Fluss in die andere Richtung, das Etablieren von Ursache. Man wird erst dann die Begebenheiten des Lebens meistern, wenn man gelernt hat mit Ideen umzugehen. Jede Situation hat ihr eigenes Charakteristikum, man muss nun seine eigenen Ideen darauf abstimmen, um das Beste daraus zu machen, es erfordert selbständiges Denken. Somit wäre eine gelungene Ausbildung den Schüler zu einem kreativen Denker zu befähigen. Den Lernenden zu einer vollständigen Wirkung zu machen, in dem er nur genau das tun darf, was er gesagt bekommt, wäre das Tor zur Kriminalität. Es bedeutet keinerlei Verantwortung, keinerlei selbständiges Denken oder Tun, was vollständiger Unfähigkeit die Tür öffnet.

Materie ist die Wirkung von Geist. Nun, der Geist hat die Fähigkeit zum kreativen Denken. Der Tischler entwirft also eine Tür und stellt sie her. Somit macht er Materie zur Wirkung, er ist Ursache über Materie, indem er sie zu Objekten formt. Allerdings gerät man nun leicht unter Beschuss. Wehe man macht einen Fehler und die Tür ist nicht in Ordnung. Somit ist der Hersteller verantwortlich für sein Produkt. Dies ist dann ein weiterer Punkt, warum Produktion schlecht gemacht wird, man könnte einen Fehler machen und dafür gescholten werden. Manche vergessen dabei, dass wenn nichts produziert wird, man nichts zum Leben hat. Lieber jemand der ab und zu ein paar Fehler begeht, als eine Welt von Nörglern und Unfähigen die überhaupt nichts zustande bringen!

Zu oft wird man durch den Besitz von Materie zur Wirkung gemacht, Wirkung in der Form, dass Materie dein Dasein bestimmt. Du musst dich um den Erhalt dieser sorgen, da sie sonst verfallen wird. Freiheit bedeutet nun, die Fähigkeit davon loszulassen, wobei man sagen kann, dass jemand frei sein kann, wenn er Ursache ist. Ursache ist ein Stück Fähigkeit.

Der Großteil des Menschengeschlechtes verlangt nun danach Wirkung zu sein, man geht ins Theater, lädt zu einem gemütlichen Besuch in einem Lokal zum Essen ein, fährt Achterbahn oder erfreut sich den Ideen anderer aus einem Buch. Doch aus Wirkung selbst heraus wird nichts geschaffen. Nur Wirkung zu sein resultiert in Unfähigkeit und einem Sklavendasein, da nur die eigenen Ideen und Taten etwas verändern werden.

Was ist nun wichtiger im Leben? Dinge zu verursachen oder die Wirkung von etwas zu sein? Na, Vergnügen ist Wirkung und eine Leistung erbringen ist Ursache – natürlich kann man sich über seine eigene Leistung erfreuen, wobei die Freude darüber die Wirkung ist. Somit sollte zwischen Ursache und Wirkung ein gesundes Verhältnis bestehen.

Da man als Geist Ursache über Materie und Leben ist, sollte man auch Ursache über den Tod sein – es gibt keine endgültige Sache wie den Tod, der Geist kann nichts anderes als leben –, da eine Zeit kommen wird, in der der Körper nutzlos geworden ist und nur noch Schmerzen bereitet.

So ist es im Leben, der Wunsch nach freudiger Erfahrung lädt auch zu Schmerzen ein. Und es bleibt dir nichts anderes übrig, als beides zu erleben. All dies nicht erlebt zu haben bedeutet nicht gelebt zu haben. Und vielleicht bist du clever genug die negativen Seiten zu meiden.

Bedenke: Besitztümer gibt es nur im Paket, mit den guten und den schlechten Seiten, dem Angenehmen und Unangenehmen und ... es kostet dich immer Zeit, je mehr umso mehr! *Carpe diem**? Natürlich! Und denke ihn dir nicht kaputt!

Beziehung und Logik

Ja, was hat das eine mit dem anderen zu tun, wie passt Logik zu einer Beziehung oder eine Beziehung zu Logik. Eine Beziehung ist Grundsätzlich eine Art Verbindung zweier Wesen. Diese beiden Wesen benutzen nun Kommunikation als Mittel der Verständigung. Wenn man das Wort Kommunikation zerlegt, findet man aus dem Lateinischen das Wort „communis", was so viel wie gemeinsam bedeutet. Kommunikation ist also etwas was man gemeinsam hat, eine Form der Realität, etwas womit Übereinstimmung herrscht.

Jeder hat nun im Leben seine Ansichten darüber, wie Dinge sein sollten. Ist nun jemand gleicher Ansicht, hat die gleichen Vorstellungen, kannst du sehr gut mit ihm, ihr habt die gleiche Wellenlänge.

Hast du schon einmal ein altes Paar beobachtet? Oft haben die sich nicht mehr viel zu sagen, sie leben nebeneinander her. Was ist da passiert? Eine Sache ist, dass der eine wesentlich dümmer als der andere ist, er kann Dinge nicht so gut verstehen, nicht erkennen was das eine mit dem anderen zu tun hat, wie das eine auf das andere einwirkt. Der Intelligentere der Beiden versucht nun dem Anderen etwas zu erklären. Nun, der Dümmere schnallt es einfach nicht, auch nachdem es zum fünften Mal erklärt war. Was läuft nun ab? Beide werden sich wahrscheinlich anfangen über den Anderen zu ärgern. Abschließend wird es dann vielleicht so sein, dass der Clevere zu dem anderen sagt er sei zu doof dafür und der uneinsichtige wird nun eingeschnappt sein.

Jetzt spiele dieses Spiel Tag für Tag und Jahr für Jahr. Ich meine, irgendwann ist es soweit, dass man denkt, dass es sowieso keinen Wert hat, dem anderen etwas zu erklären, sich dem anderen mitzuteilen.

Ebenso ist es mit dem Vollziehen verschiedener Rituale, wie das Halten von Ordnung, erledigen von Angelegenheiten, Umgang mit anderen Leuten usw. Da man seine eigene Vorstellung, Abläufe hat, wie man den Dingen begegnet und der andere natürlich seine eigene Rituralen, kann es auch da zwischenmenschlich kriseln, der eine nur noch kopfschüttelnd von dannen ziehen.

Je mehr man nun ein nachvollziehbares, logisches Verhalten an den Tag legt, umso mehr kann man davon ausgehen, dass der andere mit deinem Verhalten übereinstimmt. Nicht übereinstimmen heißt entzweien, es entsteht eine Diskrepanz. Je mehr Diskrepanzen man hat, umso mehr wird die Beziehung den Bach hinunter gehen, bis dahin, dass dieser versiegt und man nicht mehr von einer Beziehung sprechen kann - kein Bezug mehr!

In diesem Sinne bedarf der Punkt Logik und gemeinsame Bildung, Wissen, sehr hoher Beachtung. Somit sollte auch rege Kommunikation untereinander herrschen, um die Ideen die der Andere hat zu teilen und verstehen zu können. Zu Beginn der Beziehung mag das Verliebt sein ein starker Magnet sein, jedoch wird im Laufe der Zeit mangelndes Verständnis, was einfach auf unzureichende Logik und zu wenig gemeinsames Wissen zurückzuführen ist, den Magneten umpolen und man wird sich abstoßen. In diesem Sinne sollte man bei der Partnerwahl darauf achten, als Partner ein intellektuelles Gegenstück zu haben, wie man es drehen mag entweder gleich dumm oder gleich intelligent. Dies als Grundlage etabliert, ermöglicht ein

Niveau des Einverständnisses. Die gemeinsamen Themen die das Leben mit sich bringt, werden halt auf der Ebene des Intellekts abgehalten entweder sehr tief oder recht seicht. Jemanden direkt dazu zu bewegen ein Tieftaucher zu sein, obwohl er gerade schwimmen gelernt hat funktioniert einfach nicht!

Was den Menschen kompliziert macht

Was den Menschen kompliziert macht? Es ist **seine** „Logik"! - er verwechselt Logik mit Reiz-Reaktion.

Man könnte, der Anschauung halber, Denken in drei Kategorien einteilen:

(a) Identifiziertes Denken (Denken in Gleichsetzung; Reiz-Reaktion);

(b) Assoziatives Denken (Denken in dem man Dinge miteinander verbindet);

(c) Differenziertes Denken (Denken in dem man Dinge voneinander unterscheidet);

Nehmen wir als Beispiel eine Partei vor der Bundestagswahl, welche als Programm für die Verbesserung Deutschlands den Bau, bzw. Ausbau von Autobahnen hat. Einige werden nun entrüstet auf die Blockaden steigen: „Was Autobahnen? Hitler* hat schon Autobahnen gebaut und diese dienten nur zu einem Zweck!" Oder eine Bekannte von mir meinte einem Mitarbeiter gegenüber: „Arbeit macht frei!" Dieser war nun seinerseits schockiert und erwähnte, dass dieser Satz über den Eingangstoren von KZ-Lagern zu finden sei. Welche Form des Denkens haben wir hier? Es ist identifiziertes, bzw. assoziatives Denken. Was hat Hitler im Jahre 2011 mit Autobahnen zu tun?

Die Person, die im Jahre 2011 Hitler und seine Absichten mit dem Bau von Autobahnen verknüpft, lebt mit einem Großteil ihres Verstandes in der Vergangenheit, sie ist nicht wirklich in der Gegenwart, diese Person ist paranoid, psychotisch, durchgeknallt, geisteskrank!

Wie viel Chancen, glaubst du, hätte ein brillanter Politiker, welcher sich voller Idealismus für das Wohl eines Volkes engagiert, wenn er mit dem Namen Adolf Hitler für ein Land als Regierungschef kandidieren würde? Dieser Name ist so energiegeladen, verbunden mit den Grausamkeiten eines fast alles zerstörendem zweiten Weltkrieges, dass der Mensch auszuticken beginnt, wenn er nur diesen Namen hört.

Autobahnen? Differenziertes Denken? Nun, für was dient der Gesellschaft mit ihren Absichten und Strukturen, Verbindungen zu den Nachbarländern, Autobahnen? Und wenn dir jemand wieder etwas über Krieg erzählen will, dann hat er zuviel Adolf Hitler im Kopf.

Aber diese Form der Geisteskrankheit, in der Form von Logik findet man genau in den eigenen Räumen: „Dein Ex hat eine Neue. Sie ist Unternehmerin und arbeitet von Zuhause. Ja, dein Ex braucht jemand mit einer starken Hand." Entgegnung erzürnt: „Was soll das denn jetzt heißen? Bin ich etwa blöd und stehe nicht mit beiden Beinen fest im Leben?"

So ergibt ein „falsches" Wort den größten Krieg im Haus. Man drückt unabsichtlich oder nicht bei einer Person auf einen Knopf und die Person spielt verrückt. Aber es sind nicht nur die Wörter die diese Reaktion auslösen, Geruch, Kleidung, Verhalten oder nur das Aussehen des anderen genügen schon, um die energiegeladenen Geschehnisse zu aktivieren. Man sieht den anderen zum ersten Mal und kann ihn nicht leiden! Oder man sieht ihn zum ersten Mal und ist in ihn verliebt!

Was kann die Person nun nicht leiden oder in was ist sie verliebt? Ist es die Person vor ihr oder die ähnlich gemachte Erfahrung aus der Vergangenheit? Natürlich bedeutet Denken, dass man die Wahrnehmungen aus der Vergangenheit benutzt, um die Aufgaben und Probleme der Gegenwart und Zukunft zu bewältigen. Aber es bedeutet nicht, dass sich einst schlechte Erfahrungen immer wiederholen, das wäre denken in Gleichsetzungen. Ein Denkvorgang umschließt Assoziation, Identifikation und Differenzierung.

Man möchte eine Schraube aufdrehen. Anhand der Erfahrung aus der Vergangenheit weiß man, dass man dazu einen Schraubenschlüssel braucht (Assoziation). Im selben Moment stellt man fest, dass es ein 10er Ringschlüssel ist, der passen wird (Identifikation). Jedoch, die jetzige Situation ist eine andere Schraube, eine andere Umgebung und anderes Werkzeug (Differenzierung).

Wenn man in der Vergangenheit schlechtes Werkzeug hatte und die Arbeit vermasselte, bedeutet es nicht, dass man jetzige, ähnliche Arbeit wieder vermasselt. Man kann die Faktoren im Jetzt erkennen und verändern. Die Faktoren aus der Vergangenheit sind nicht die Faktoren in der Gegenwart. Ich meine, einige nehmen keinen Schraubenschlüssel mehr in die Hand, weil sie sich in der Vergangenheit damit verletzt haben (Identifikation).

Wenn du mit einem Problem zum Psychologen gehst und er fragt, was für ein Problem du als Kind mit dem Geschlechtsorgan deiner Mutter oder deines Vaters hattest, versucht er ein früheres Problem anzugehen um ein jetziges Problem zu lösen. Stelle nüchtern fest, dass aus dem obigen Ansatz heraus, die Behandlung scheitern wird. Jeder Mensch hat seine ganz spezifischen Erfahrungen und nur der eigene Verstand wird das eigene Problem lösen können. Der Therapeut muss nur die richtigen Fragen stellen. Psychologie und assoziatives Denken? Das Lieblingsspiel einer modernen und verwirrten Gesellschaft. Ich meine, eine Zigarre ist eine Zigarre und kein Phallussymbol*... Rorschach*!

Ich meine, der Psychologe oder Psychiater versucht seit jeher den menschlichen Wahnsinn mit irgendeiner Form von Logik basierend auf irgendeiner Theorie zu lösen. Das geht nicht ... was man bisher auch feststellen konnte. Man löst den Wahnsinn nicht mit Logik! Ebenso wenig wie der Wahnsinn den Wahnsinn besiegen könnte. Man muss nur die Kraft entdecken die den Wahnsinn füttert und wenn man sich der Kraft entledigt hört auch der Wahnsinn auf!

Was des Menschen differenziertes Denken vermasselt? Es sind nicht die einst gemachten bewussten Erfahrung, die sich dem Menschen aufdrängen oder Unfälle die er sieht, Streitereien die er hatte, Missgeschicke oder Betrügereien die ihm widerfahren sind. Es sind die Geschehnisse, die mit solcher Kraft auf ihn einwirkten, dass er k.o. ging, bewusstlos wurde, wie die Geburt*! Diese Geschehnisse bilden den verborgenen Einfluss, welche per Knopfdruck reaktiviert werden können und der Mensch kommt aus eigenem Erinnerungsvermögen nicht an sie heran, weil sie durch die Mauern von Schmerz und Bewusstlosigkeit abgesperrt sind.

Schau, du machst einen Fehler in der Regel nur einmal. Wenn die Suppe versalzen ist, wirst du das nächste Mal weniger Salz nehmen, wenn die Schraube zu schwach ist, um den Gegenstand zu halten, nimmst du das nächste Mal eine größere oder eine aus anderem Material; wenn du durch deine Verhaltensweise Ablehnung bei deinen Mitmenschen erfährst, wirst du deine Verhaltensweise ändern. Du analysierst die Fehlerquelle, so dass es dir beim nächsten Mal nicht wieder passiert.

Das wirst du bei den Erfahrungen nicht tun können, welche hinter dem Vorhand des Vergessens liegen ... abgesperrt! Diese abgesperrten Erfahrungen drücken der Person immer eine bestimmte Verhaltensweise auf und die Person scheint nicht in der Lage dies zu ändern, sie macht den gleichen Fehler immer wieder! Es ist wie der Ehemann einer Bekannten, der seinen Sohn mit einem Ledergürtel schlug und der Ehemann abends wegen seines Verhaltens bitterlich weinte. Trotz gutem Zureden und Eingeständnisse der Besserung konnte der Ehemann nicht davon ablassen und schlug seinen Sohn immer wieder.

Logik, Folgerichtigkeit? Aus welchen Erfahrungen heraus verbiegt die Person das zu erwartende Resultat? Die „Logik" des Menschen ist soweit auf Abwegen, dass er durch irrsinnige „Erklärungen" dazu gebracht wird freiwillig Gift- und Abfallstoffe zu sich zu nehmen: Aus „Therapiezwecken" wird eigener Urin getrunken und Schlangengift (Medikamente) geschluckt! Es findet eine Dissoziation* statt, es gibt keine Zusammenhänge mehr, Dinge werden nicht mehr aufgrund von Naturgesetzen miteinander in Verbindung gebracht. Und der Mensch denkt noch immer er sei normal!

So lebt der Mensch in einer Lüge, zerfressen von Vorurteilen und versucht die Gegenwart mit der Vergangenheit zu vereinigen und nur der Tod scheint ihn von diesem Fluch erlösen zu können.

Reif für eine Beziehung

Nun, wann ist man reif für eine Beziehung? Wenn man in seinen Bekanntenkreis blickt stellt man fest, dass Beziehungen dauernd in die Brüche gehen, seien es die Ehen oder Partnerschaften. Waren diese reif für eine Beziehung? Ich meine, das

Schiff ist auf Grund gelaufen, es geht nicht mehr weiter.

Was ist eine 2D*? Zerlegen wir mal eine Beziehung in ihre Bestandteil: Man hat zwei Menschen und eigentlich eine gemeinsame Absicht: Das Erleben der Liebe – dies als die wesentliche Grundlage. Ein Mensch besteht wiederum aus Geist, Seele, Körper und Verstand.

Die Seele als untergeordnete Entität* folgt einzig und alleine der Aufgabe sich um Körper zu kümmern. Sie sendet die Empfindungen um den Erhalt von Körpern zu forcieren*, wie das Gefühl von Hunger und die Empfindungen rund um Sexualität, wie Liebe, Hass, Eifersucht, usw. Jede Art von Leben sei es nun Tier, Pflanze oder Mensch hat zwangsläufig eine Seele, sie enthält einen vollen Datensatz zum Bilden eines Organismus. Sie ist immateriell und kann nicht sterben. Auch Pflanzen haben diese Empfindungen, sie reagieren sogar auf Musik. (Joseph Scheppach: Das geheime Bewußtsein der Pflanzen ISBN 3426274760.)

Der Körper welcher aus einzelnen Zellen besteht, welche auch leben, senden ebenfalls Impulse, wie Schmerz, Wärme, Kälte usw. Jede dieser Empfindungen wird mit einer gewissen Intensität gesendet, man kann viel Hunger haben oder wenig. Die Stärke der Intensität ergibt die Dringlichkeit. Schmerz kann die größte Kraft darstellen, er zeigt einen drohenden Verlust an. Starker Schmerz ist etwas worauf die Person ziemlich schnell reagiert.

Der Verstand ist das Informations-Ablagesystem des Menschen. Dort werden gemachte Wahrnehmungen abgelegt. Die Wahrnehmungen sind unterschiedlich geladen, enthalten also mehr oder weniger Emotion (Energie) und beeinflussen die Dringlichkeit. Schau, wenn du zuhause bist und es riecht ähnlich als dein Fön zu brennen anfing, wirst du dich direkt aufmachen um festzustellen was vor sich geht.

Der Geist, also die Person selbst, das denkende ich, ist der Chef im Laden. Er wertet die Informationen von Seele, Verstand und Körper aus und bestimmt was zu tun und zu lassen ist. Der Geist ist ebenso immateriell und unsterblich. Im Gegensatz zur Tier- und Pflanzenwelt hat in der Regel nur der Mensch Geist, was nicht bedeutet, dass wenn die Person unbedingt will auch mal etwas anderes sein kann, vielleicht ein Wurm, ein Elefant oder eine Blume. Die obige kurze Erläuterung von Geist, Seele, Verstand und Körper soll zur Orientierung dienen, um letztendlich festzustellen was wohin gehört.

Wann ist was reif für eine Beziehung? Am offensichtlichsten sieht man es am Körper. Der Körper hat die Pubertät durchschritten und die Seele gibt nun den vollen Impuls zur Erhaltung der Art ab – Liebe und Sexualität. Somit wäre der Körper reif für eine Beziehung oder genauer ausgedrückt: zur Fortpflanzung. Im Tierreich ist die ganze Sache recht unkompliziert. Man paart sich und geht seiner Wege, oder bleibt solange zusammen bis die Sprösslinge flügge sind und ihr eigenes Dasein bestreiten.

Was heißt es, wenn der Partner sagt: „Ich liebe dich."? Es heißt, dass er einen Impuls von der Seele bekommt und diesen Impuls als Gefühl der Liebe interpretiert. Dieses Gefühl schweißt die Geschlechter zusammen, auf körperlicher Ebene. Und wenn man sich trennt und ist noch immer verliebt, tut es halt fürchterlich weh – die Seele hat da ihre Vorkehrungen. Die Person spielt also dieses Liebe-Körper-Spiel, weil sie die Impulse von der Seele bekommt um dieses Spiel zu spielen.

Kann denn die Person reif für eine Beziehung sein? Wie läuft es beziehungstechnisch beim Menschen ab? Man sieht den anderen, findet ihn interessant, wechselt ein paar Worte, verliebt sich und hat Sex. Nur ist es in unserer zivilisierten Welt so, dass mit Kindern sehr viel Verantwortung und mit einer Ehe sehr viel Geld im Spiel ist. Es bedarf also eines bestimmten Intellekts, um diese Einheit genannt Familie in einer Zivilisation über die Runden zu bringen.

Reif für eine Beziehung ist man, wenn man innere Werte hat, wie: Treue, Zuverlässigkeit, Einfühlungsvermögen, eine gute Portion Selbstlosigkeit, Verstehen, Verständnis, Verantwortung, Entscheidungskraft, Kooperation, innere Stärke – man soll seinem Partner ein Freund sein, für ihn sein und nicht gegen ihn! Es nutzt alles nichts, dem Impuls der Seele hinterherzulaufen, dieser Impuls alleine hält keine Beziehung zusammen. Es ist die Person selbst mit ihrer Einstellung, die maßgebend für das Bestehen einer Beziehung ist!

Die Person selbst als geistiges Wesen ist frei. Mit einem Körper hat sie eigentlich alle Freiheit aufgegeben. Und mit jeder weiteren Dynamik verliert sie ein Stück Freiheit mehr. Ein Kind als menschliches Wesen hat die meiste Freiheit. Es wird gefüttert, bekommt Kleidung und Unterkunft, es braucht sich um nichts zu kümmern. Mit der zwangsläufigen Übernahme von Verantwortung und der Verpflichtung sich um Dinge zu kümmern, nimmt die Freiheit sukzessive* ab. Es ist aber so, dass Freiheit selbst nicht glücklich macht, der Mensch ist froh wenn er etwas hat!

Folglich hat die Person ein großes Problem wenn sie eine Beziehung eingeht, sie wird ihre eigenen Interessen nicht mehr in dem Maße verfolgen können, da es nun einen weiteren Teil in ihrem Leben gibt, welcher nach Zeit und Aufmerksamkeit verlangt. Es sind zwei Wesen die ihre Zeit miteinander teilen und zwei Gedankenhaushalte die zu einem verbunden werden sollen – eine schwierige Sache, sie bedarf reger Kommunikation, wie will der andere sonst feststellen, was es zu tun und zu lassen gilt?

Einige haben schon in ihrer Jugend eine „feste" Beziehung und so mancher verbringt die Zeit der Jugend händchen-haltend auf der Couch. Die Jugend ist eigentlich die schönste und aufregendste Zeit im Leben eines Menschen. Man ist frei, unbelastet von schweren Gedanken – diese kommen erst durch die späteren Erfahrungen -, man lebt in der Regel noch zuhause und brauch sich nicht um ein eigenes Auskommen zu kümmern, man geht durch das Leben ohne die schwere

Last der Verantwortung.

Die Person wird älter, sehr oft geht die erste Beziehung kaputt, weil man nicht weiß wie man sich in einer Beziehung zu verhalten hat, weil man sich selbst nicht kennt und noch weniger den anderen. Man hört einige davon reden aufgrund der Beziehung sein Leben verpasst zu haben und manch einer versucht nun alles nachzuholen. Schau, wie war es denn in deiner ersten Beziehung, wie oft wurdest du eingeschränkt, durftest nicht tun was du wolltest? Und wie hast du dich danach gefühlt? Wie sagte ein Kollege zu mir: „Heute Abend mach ich einen drauf, aber ohne Spaßbremse!" Nun, die Spaßbremse war seine Freundin, und wenn sie in der Nähe war, konnte er sich einfach nicht so verhalten wie er es gerne tun würde. ... eine Beziehung nimmt Freiheit!

Ein Leben zu erleben bedeutet die Dinge zu erleben, die man gerne erleben möchte. Und wenn man die Dinge alle erlebt hat, weiß man wie sie sind, und muss sie nicht mehr unbedingt erleben. Die Person schmachtet in ihren Gedanken und erst wenn sie es erlebt hat ist sie zufrieden und kann den Gedanken zur Seite legen. Also sollte man in der Jugend richtig auf den Putz hauen, damit man später nicht mehr das Bedürfnis hat alles nachzuholen!

Natürlich ist es schwierig eine Beziehung mit Freiheit zu verbinden, also dem anderen Freiraum zu gewähren, besonders in jungen Jahren, da man Angst hat den anderen zu verlieren. Ebenso ist dieses Gefühl mit dem anderen zusammen sein zu müssen sehr stark und getrennt sein tut weh. Der Partner sollte darauf bestehen, dass der andere auch mal mit seinen Freunden alleine ausgeht und der Partner sollte verstehen warum. Aber genauso kann der Abend verdorben sein, wenn der andere nicht da ist, weil man sich nach ihm sehnt – hier gilt es abzuwägen.

Jedoch, Jugend, hau auf den Putz, nicht dass du später das Gefühl hast alles verpasst zu haben und deinem Lebensgefährten die Schuld gibst – du hast es zumindest mitgemacht!

Reif für eine Beziehung? Wieviel gibst du von dir auf und lässt von dem anderen zu, um ein freundliches Spielfeld zu haben, damit der andere bei dir bleibt? In wie fern bist du bereit deine Werte-Parameter zu verschieben? Aber verschiebe nicht zu viel, sonst lebst du dein Leben nicht mehr und du wirst unglücklich, so wird die Beziehung unglücklich und scheitern. Die Musik zu hören die man nicht hören will, oder dorthin zu fahren was einem nicht passt kann man ab und zu wegstecken.

Opfer

Wie sagt mein alter Herr in den Axiomen* (LRH): **„Das größte Ziel in diesem Universum ist das Schaffen einer Wirkung."**

Ja, man kann diese Wirkung ganz grob in zwei Richtungen teilen: positiv und negativ. Positiv wäre z. B. Bewunderung für einen Preis beim Sport, gutes Aussehen oder konstruktive* Projekte. Negative Wirkung wäre natürlich alles was zum Thema Destruktion* gehört.

Nun, ein Opfer ist natürlich jemand, dem etwas zugestoßen ist. Der Mensch spielt dieses Spiel ganz hervorragend: „Schau was mir passiert ist!" Was will er damit erreichen? Aufmerksamkeit! In dem Maße wie er Aufmerksamkeit erhält, erzielt er eine Wirkung. Einige scheinen ohne Aufmerksamkeit nicht leben zu können.

Kürzlich hörte ich im Radio, dass sich bei Kindern Hautallergien verbessern, wenn sie von den Eltern getrennt werden. Der Mediziner versteht zwar nicht den Mechanismus hinter der Sache, jedoch hat er in diesem Fall gut beobachtet. Menschen stellen tatsächlich eine Krankheit hin, um Aufmerksamkeit zu erhalten. Dies erinnert mich an meine Oma: Mein Bruder, welcher in ihrem Haus lebte, sagte zu ihr, dass er zu seiner Freundin ziehen wolle. Siehe da, die Oma bekam einen Rheumaschub, ihr liebster Enkel wollte gehen.

Bei den Kindern kann man häufig beobachten, dass diese völlig aufdrehen wenn Besuch kommt, es wird allerlei Kram angeschleppt, bzw. der Besucher durchs Haus gezerrt. Und sie wollen alle nur eins: Bestätigung dafür finden, dass sie da sind. Wenn du das Kind dann in den Arm nimmst, es ein wenig knuddelst, scheint es gut zu sein und es geht seines Weges.

Allerdings scheinen einige Erwachsene sehr hohe Defizite zu haben, guck dir die Talkshows im TV an oder warum glaubst du gibt es aufreizende Outfits, Tattoos und Piercings? Eine Sache musste ich jedoch feststellen, je mehr die Person die Opferrolle spielt, umso unfähiger ist sie.

Opfer sein an sich spricht schon dafür, dass einem etwas zugestoßen ist, dass man zu einem bestimmten Zeitpunkt nicht ganz konzentriert war oder sich einfach dumm angestellt hat – außer vielleicht bei denen, die einfach nichts dafür konnten? Oder man hat sonst einen dummen Fehler begangen und bekam die Retour-Kutsche, jedenfalls ist man nie so ganz unschuldig. Dem Opfer fehlt es halt an Einsicht und folgendem Einverständnis. Es ist die Fähigkeit die Dinge miteinander in Verbindung zu bringen, im Vorfeld zu erkennen aus was man Schaden erleidet. In diesem Sinne legt ein Opfer gewisse Starrköpfigkeit an den Tag, weil es nicht in der Lage ist den Gedanken loszulassen der ihr das Verhalten diktiert und durch einen neuen Gedanken zu ersetzen.

Du bist selbst zum Opfer geworden, wenn du mit jemandem zusammen bist der offensichtlich „immer" Opfer ist. Er kriegt seinen Kram nicht hin, schleppt allerlei Probleme zu dir, weil er es nicht geregelt bekommt. Gelder verschwinden, die Post findet nicht den direkten Weg zum Briefkasten und wenn man das Opfer ins Gebet nimmt bricht es zusammen wie ein Kartenhaus – diese Leute sind sehr sensibel, emotionell und zerbrechlich, aufgrund ihrer eigenen Untaten!

Bittest du nun um einen Gefallen, dramatisiert dieser herum, wie schwer alles ist und er alles zu tun hat. Weiterhin wird dieser mit schlechter Kritik nicht sparsam sein. Im Leben ist es nicht einfach mit solchen Leuten zurechtzukommen.

Du bist Opfer eines Opfers geworden? Es ist der Vampir, der dir die Lebenskraft aussaugt ... und du bekommst nichts mehr davon zurück – es bleibt ein Haufen Scherben! Also sei vorsichtig mit den „Interessanten" dieser Welt, sie können eine Gefahr für dich sein.

Familie

Hier bist du nun, die Grundlage allen Lebens, dasjenige welches Materie zu einem Organismus formiert und zusammenhält, du selbst, nicht der Körper, ein geistiges Wesen, ein Thetan*.

Was ist nun dieses Spiel genannt Familie? Ich meine, wunderbar, man hat sich gefunden, ist verliebt, hat die rosarote Brille auf, möchte zusammenziehen und heiraten. Man erfreut sich einander, ist glücklich beim Zusammensein. Zumindest ist man verliebt und das macht glücklich. Das mit der Liebe ist so 'ne Sache keiner weiß genau wie sie funktioniert und woher sie kommt, man hat halt einfach diese Empfindung. Und es ist diese Empfindung, was einen zusammenschweißt.

Zusammenleben, Mann und Frau ist ein Unterfangen*. Ein Thetan hat sich einen männlichen Körper geschnappt der andere einen weiblichen und beide spielen das Körperspiel. Jeder dieser beiden hat seine eigenen Ziele und Absichten, seine eigenen Vorlieben. Der eine mag Eier zum Frühstück und der andere kann diesen Geruch von Eiern mit Maggie gar nicht leiden. Die Frau möchte an die Riviera in Urlaub und der Mann klettert lieber in den Bergen herum. Der Schrank soll zweckmäßig sein, doch die Frau meint er ist nicht schön, passt nicht recht zu den anderen Möbeln. Der Mann mag James Bond und die Frau Sex in the City.

So hat man seinen täglichen Kleinkrieg und ist gezwungen auf die eine oder andere Art Kompromisse zu schließen. Der männliche Körper ist nun mal anders als der weibliche und beide sind in der Leistungsfähigkeit unterschiedlich. In der Regel kann der Mann mehr Eisen stemmen und schneller laufen als die Frau, falls man die Idee hat gemeinsam Sport zu treiben und um etwas Wettbewerb in die Sache zu bringen. Somit gibt es auch anders geartete Interessen, welcher jeder in seiner Form nachgehen können sollte.

Das einzige was Mann und Frau körperlich verbindet ist Sexualität, das was beide in der Tat miteinander betreiben können, wozu es Mann und Frau eigentlich gibt. Was kann man den nun wirklich miteinander unternehmen, wobei man mit den Vorgaben des Körpers nicht abhängig ist? Geistige Dinge: sich etwas zusammen anschauen und darüber zu plaudern. Projekte zu planen und ins Leben zu rufen.

Was das Hervorbringen von Gedanken anbelangt haben beide die gleichen Voraussetzungen, beide können diese Bilder entwickeln die man Ideen nennt. Das ganze Leben ist ein dynamisches Projekt und diejenige Idee welche die beste ist, sollte befolgt werden – offensichtlich, durch Kurzsichtigkeit und Fehler ist noch keiner weit gekommen. Hier mag der Herr im Haus ein Problem haben, wenn die Frau die besseren Ideen hat, aber oft genug sieht man, dass die Frau im Haus die Hosen trägt. Wie auch immer, man sollte sich bewusst sein, dass zwei geistige Wesen sich zusammengetan haben um durchs Leben zu schreiten, beide die als Wesen gleiche Achtung verdienen.

Irgendwann kommt das Thema Kinder zur Sprache, was ist eine Familie ohne Kinder? Hat der Schreihals das Licht der Welt erblickt, spielt man gemeinsam das Familienspiel. Nichtsdestotrotz ist das Kind ein Thetan, ein Thetan in einem kleinen Körper, mit seinen Zielen, Absichten und Vorlieben – wenn auch noch nicht so offensichtlich. Der Mensch mag sagen, dass das Leben ein Kommen und Gehen sei, doch es ist nur ein Sein. Du gehst eigentlich nirgends hin: Zur nächsten Entbindungsstation, schnappst dir dort einen neuen Körper und „vergisst" die Vergangenheit – ich meine, irgendwie bist du ja auch in diesen hinein gekommen.

Ich erzähle hier keinen Unsinn, die Leute, die ausreichend in Sitzung waren, in einer Rückführung sich ihre Vergangenheit angeschaut haben, erzählen alle das Gleiche: alter Körper, neuer Körper, alter Körper, neuer Körper, usw. Du kannst daran glauben oder nicht, das ändert nichts daran, dass Wasser bergab fließt.

Ein Hauptgrund, warum des Menschen Verhalten exaltiert* wenn es um Kinder geht, ist, weil Kinder wieder Kinder kriegen und du somit wieder neu starten kannst, wenn der alte Körper das Zeitliche segnet. Deine Kinder sind deine Zukunft. Und wer möchte nicht, dass es irgendwie weiter geht, der Kreis sich schließt - Tatsächlich ist das Leben selbst ist eine enger werdende Spirale. Von Körper zu Körper geht es dem Menschen gesundheit schlechter und seine geistigen Fähigkeiten nehmen ab.

Familie kommt aus dem Lateinischen *famulus*, was so viel wie Gehilfe oder Diener bedeutet. Wodurch wird wem wie geholfen? Frau und Mann sind eigenständige Wesen, sie können für sich selbst durchs Leben gehen, obwohl es zusammen einfacher gehen kann, ohne dass man es sich zwischenmenschlich schwierig macht. Viele sehen in der Familie des Lebens Sinn, für den anderen da zu sein, sich gegenseitig zu helfen und Trost zu spenden wenn das Gemüt im Keller liegt. So hilft man sich einander.

Die Eltern der Kinder hört man nun reden, dass das was sie tun, alles für die Kinder sei. Nun, was ist man den Kindern schuldig? Diese haben ihre Ziele, Absichten und werden wenn der Tag kommt ihre eigenen Wege gehen. Wie der große Konz sagt: „Das Kapital was man sich anspart sollte beim Ableben aufgebraucht sein – obwohl man eigentlich nie genau weiß, wann das ist (persönliche Anmerkung)– den

Kindern ist man nur eine gute Ausbildung schuldig."

Hier möchte ich nun einsteigen, dass Thema Ausbildung habe ich eingehend erschöpft, es gibt keine gute Ausbildung. Das Kind zu füttern warm anzuziehen und in die Schule zu schicken, damit ist nicht genüge getan. Man ist den Kindern schuldig, ihnen zu vermitteln, wie man sich im Leben selbst helfen kann, sich zur Wehr zu setzen und eine gute Vorstellung zu haben was wichtig im Leben ist. Dies ist der Dienst den die Eltern an der Familie leisten sollten: Das Kind anzuleiten wie es den Begebenheiten des Lebens entgegnen kann – eine wahre Hilfe! So der Staat seinen Bürgern eine Hilfe sein sollte, weil wir alle eine große Familie sind.

Heirat? Wer hätte das gedacht? Jedes Wort hat einen tieferen Sinn, welcher eigentlich richtungsweisend für das Verhalten sein soll – Wort und die Funktion die sich aus der Bedeutung ergibt. Heirat setzt sich aus zwei Wörtern zusammen: Heim und Rat. Heirat steht eigentlich dafür, dass man irgendwo sein Lager errichtet hat um sich gegenseitig zu beraten! Und da man eigentlich für ein ganzes Leben zusammen sein soll, sollte man sich über das ganze Leben gegenseitig beraten, mit welchen Unternehmungen man das Leben verbringt und die Probleme löst die daraus hervorgehen.

Ehe? Es gibt eine Wortverwandtschaft dazu: ewig. Es ist der Wille des Lebens selbst, das auf ewig verbindet, ewig leben will.

Ein Platz im Herzen des Anderen

Einen Platz im Herzen des anderen haben? Na, das Herz speichert keine Informationen. Du hast einen „Platz im Herzen" des anderen, wenn sich die Gedankenwelt des anderen um dich dreht.

Du kannst dir den Platz im Herzen des anderen nicht erzwingen! Wenn du zu stark auf den anderen einwirkst, zu aufdringlich wirst, wird er sich zurückziehen. Wenn du den Kontakt nicht suchst, nicht auf dich aufmerksam machst, wird der andere denken, dass du ihm gleichgültig bist, kein Interesse hegst.

Ja, schwierige Sache! Auf der einen Seite nicht aufdringlich sein und auf der anderen Seite doch Interesse bekunden. Du wirst es an der Reaktion des anderen feststellen: Ist er genervt*? Ist die Stimmung des anderen freundlich dir gegenüber? Meldet er sich zurück?

Man kann etwas dafür tun, dass der andere dich in dein Herz einschließt und man muss etwas dafür tun, dass dieser Platz erhalten bleibt, wenn er an dich vergeben ist. Schau, wenn der andere an dich denkt, an was denkt er dann? Daran, was du ihm angetan hast oder daran ob du ihm ein Freund warst oder sein wirst? An eine schöne Zeit oder eine Zeit voller Komplikationen, einen Haufen Probleme, Leiden und Ärger?

Er wird es sich überlegen, ob er wirklich etwas mit dir zu tun haben will ob er wirklich gerne bei dir ist, ganz einfach auf welche Seite sich die Waage neigen wird: Gibt es mehr Freude oder mehr Unbehagen.

Wenn der andere Kontakt zu dir sucht, gibt dieser zu verstehen, dass du für den anderen etwas bedeutest, einen Wert darstellst, dass es etwas gibt, was er haben möchte.

Beschenke den anderen nicht so sehr mit dem Materiellen, somit wird er dich nur wegen den materiellen Dingen mögen. Schenke ihm das, was nur Leben selbst geben kann: Aufmerksamkeit, Verstehen, Wärme, Liebe und Zärtlichkeit ... sei dem anderen ein Freund! Der andere soll dich als Person lieben und nicht deine materiellen Geschenke.

Die Beziehung scheitert

Einige meinen eine Beziehung läuft automatisch. Du hast dann ein schönes Haus, einen schönen Garten, wenn du dich darum kümmerst, dass dieses in Ordnung ist. Dieses Universum ist ein lebendiges Universum, in dem sich Dinge verändern, entwickeln und aufeinander einwirken. So ist es auch mit einer Beziehung, man verändert und entwickelt sich, die Umwelt wirkt auf einen ein und man muss sich um die Beziehung kümmern, damit sie in Ordnung ist, man muss sie hegen und pflegen, man muss sich damit aktiv auseinander setzen. Ein Motor läuft auch automatisch, aber nur dann, wenn man Kraftstoff hinein pumpt und gelegentlich nach Öl und Wasser schaut. Der Motor braucht Energie zum Funktionieren, so braucht auch eine Beziehung Energie damit sie existiert, man muss etwas in diese Beziehung hinein geben.

Eine Beziehung ist nicht nur die körperliche Anziehung, welche auf Sexualität hinausläuft, es ist vor allem ein Bündnis zwischen zwei Wesen, wobei dieses Bündnis auf verschiedenen Regeln basiert, seien diese nun ausgesprochen oder nicht. Die Garantie für den Bestand dieses Bündnisses ist das Einhalten der Regeln, verstößt man zu oft dagegen zerbricht die Beziehung. Du wirst feststellen, dass der folgende Kodex die Grundlagen für ein Bündnis darlegt.

Ist eine Beziehung eine Beziehung, wenn man Sex miteinander hat? Sex ist nur der Bonus, der das Gefühl zueinander vertieft. Eine Beziehung die nur durch Sex besteht ist keine Beziehung zwischen zwei Wesen, es ist eine Beziehung zwischen zwei Körpern, die dann zerbricht, wenn man nach einem anderen Körper mehr Verlangen hat, dort mehr Lust empfindet.

Einige erkennen „die Liebe" am Kribbeln im Bauch – der erste Schritt zur Bruchlandung! Natürlich bedarf es der gegenseitigen Attraktivität, die Lust aufeinander, aber sich nicht zu verstehen wird die Beziehung schon in kurzer Zeit oder auf Dauer zerbrechen. Zur Gründung einer Beziehung war bisher der sexuelle Impuls der einzige Maßstab des Menschen um seine „Liebe" zu erkennen. Deswegen fällt er auch dauernd auf die Nase!

Es hat seinen Grund, weswegen man sich mit dem anderen nicht mehr so versteht, das Verlangen nach dem anderen eingeschlafen ist. Der einfachste Grund wäre natürlich die Aussage, dass man nicht mehr will, dies muss nicht weiter begründet werden, es kann aber auch sein, dass es doch noch weitere Gründe gibt.

Es ist immer Kommunikation um herauszufinden was los ist, jedoch sollte der eine wie der andere bereit zur Kommunikation sein und auch fähig sein mit dem anderen zu sprechen und nicht seinen Emotionen zügellos freien Lauf zu lassen. Kommunikation sollte eine nüchterne, sachliche Unterhaltung sein, mit klaren Darstellungen.

Eine Beziehung zwischen den Geschlechtern zeigt sich deutlich durch Raum. Liebe war definiert mit: „Das Verlangen den gleichen Raum einzunehmen wie der andere." Hass wäre nun entsprechend Abstand. Ob der andere dich liebt, zeigt sich einfach daran, welchen Abstand er zu dir hält, ob dieser versucht dir nahe zu sein. Wenn jemand seine Zeit mit dir verbringen möchte, er sich wohl, verstanden und geachtet fühlt, na ... dann hat dieser mit Sicherheit einen Bezug zu dir!

Wie schrieb ich zuvor? Das Geheimnis ist die Trennung. Hast du schon mal in einem Geschäft als Kind etwas Kleines gestohlen? Was für ein Gefühl hattest du als du zur Kasse kamst? Hättest du nicht am liebsten einen großen Bogen um den Kassierer gemacht? Zumindest hattest du ein Gefühl dies zu tun, ein Gefühl dazu viel Abstand zu halten. Dieses Gefühl ist dadurch entstanden, dass du etwas getan hast, was nicht in Ordnung war, gegen das Bündnis des Zusammenlebens verstoßen hast.

Genauso ist es in einer Beziehung, wenn man gegen das Bündnis verstößt verlöscht die Liebe, das Gefühl zusammen zu sein, man hält Abstand. Interessanterweise ist es so, dass wenn man sich zu den Verstößen *vollständig* bekennt, der Drang Raum zu haben sich auflöst. Man kann von einer Beziehung in die nächste stolpern und dort wieder Schiffbruch erleiden und nur deswegen, weil man seine gemachten Verstöße nicht Preis gibt. Dies sollte man auch als Partner erkennen, wenn der andere aufgeben will - das jetzige Schicksal wird sich wahrscheinlich immer und immer wieder zeigen. Ja natürlich ist es einfacher wegzulaufen, anstatt das Problem zu konfrontieren und du läufst immer vor dir selber weg, vor deinen eigenen Gedanken!

Viele Partner geben als Grund zur Trennung an, dass sie den anderen nicht mehr verletzen wollen. Nun, wenn man seine heimlichen Verstöße gegen den Bund des Zusammenseins offenlegt, hat man nicht mehr den Impuls zur Trennung. Eine Beziehung einzugehen heißt einen Vertrag einzugehen, seien die Vertragsbedingungen bekannt oder nicht - jeder hat eine bestimmte Vorstellung davon, was man in einer Beziehung nicht tun sollte!

Den anderen häufig zu kritisieren, an ihm herum zu mäkeln heißt zu sagen, dass man anders ist, dass man Abstand nimmt. Davon abgesehen nimmt man Abstand wenn der andere einen verletzt, sei es durch Gewalt oder böse Worte, womit wir wieder zu der Definition von Freund kämen: derjenige der dies nicht tut.

Dem anderen vorwerfen was er alles getan hat? Nun, was hast du getan? So ist es nun mal, wenn man weiß wie der Mensch als Wesen funktioniert, kann man mit ihm auskommen. Eine Beziehung scheitert nicht nur daran was man getan hat, sondern auch daran, dass man hätte etwas tun sollen. So liegt es auch an dem anderen zu sagen was zu tun ist. Und warte nicht solange bis das Fass überläuft, merke es an, wenn es sich füllt!

Bedenke: Wenn einer seine Verfehlungen beichtet, so tut er dies um die Beziehung zu retten, im Versuch doch ehrlich und aufrichtig zu sein. War die Tat wohl doch nicht die eines „Freundes", so ist die Aufdeckung dessen ein Bestreben weiterhin „freundlich" zu sein. So solltest du die Beichte hinnehmen, als Bemühung die Freundschaft zu erhalten, wenn es auch schwer zu verdauen ist. Somit, bedenke deiner Reaktion und vielleicht ist es gar besser eine Nacht über eine Entscheidung zu schlafen.

Somit schneidet sich der Mensch seit Anbeginn selbst die Kehle durch, in dem er die Bündnisse durch Unehrlichkeit und Unaufrichtigkeit bricht. Sei es bei seinem Arbeitgeber oder dem Rest der Welt. Er richtet sich selbst, durch Krankheit und Unfähigkeit, damit er nicht weiter Schlechtes tun kann.

Welche Gründe gibt es, dass man die Entscheidung fällt getrennte Wege zu gehen? In erster Linie ist man Unglücklich. Was sind die Dinge, die eine glückliche Beziehung ausmachen?

Eine Beziehung mit jemandem einzugehen hat ein Ziel. Erreicht man dieses Ziel nicht oder es gibt Umstände die dem Ziel entgegenstehen oder schwerwiegend einwirken, ist man nicht glücklich. Man könnte sagen, dass das primäre Ziel einer Beziehung das Erleben der Liebe ist, man möchte jemanden haben, den man lieben kann und möchte, dass dieser andere einen selbst liebt. Zumindest was sich der einzelne unter dem Begriff Liebe vorstellt, wie Geborgenheit, Zuneigung, nicht alleine sein, Sexualität, ein Platz zu haben wo man hingehört, Vertrautheit, Verständnis, Kommunikation, Problembewältigung, letztendlich alles, was man mit einer Beziehung im Leben erlebt.

Keine wirkliche Beziehung mehr? Es sind die gemeinsamen Ziele, die gemeinsamen Unternehmungen, welche eine Beziehung festigen, ihr ein Fundament und einen Beweggrund geben.

Unüberbrückbare Differenzen? Wie viel ist man in der Lage einen anderen Gedanken zu denken? Wie viel ist man in der Lage den anderen zu verstehen, von seinem eigenen Standpunkt abzurücken?

Der Impuls der Zuneigung ist der eigentliche Grund sich näher zu kommen. Sich wirklich kennen lernen, die Neigungen, Eigenarten, Vorlieben, Reaktionen usw. ist ein Prozess der der Zeit bedarf. Eine langfristige Beziehung, welche harmonisch sein soll, bedeutet, dass man all dies aufeinander abstimmt, was viel mit Kompromissen und Toleranz zu tun hat – immerhin sind es zwei Wesen mit ihren eigenen Vorstellungen und aus zwei Vorstellungen eine zu machen ist oft nicht so einfach.

Eine Bekannte von mir, welche zum zweiten Mal verheiratet ist, meinte, dass man besser erst ab 30 heiraten sollte, ganz einfach weil mehr Vernunft da sei, mehr Bewusstsein über die Dinge im Leben hätte, die wichtig seien. Verliebt zu sein ist eine schöne Sache, aber es sei etwas ganz anderes mit dem Partner ein Leben zu leben und immer um sich zu haben. Es gibt da etwas mehr als nur verliebt sein, wie das Führen eines Haushalts, Ordnung, Planung und die Aufgaben und Probleme zu lösen, die sich jeden Tag stellen. Dies resultiert in einer täglichen Routine, es dauert seine Zeit um alles unter einen Hut zu bringen, der Tag hat nun mal nur 24 Stunden und es soll auch noch einen Feierabend geben!

Sie würde keinen Mann haben wollen, der aus einer vorherigen Beziehung hohe Unterhaltsverpflichtungen hat und aus diesem Grund alleine schon nicht mehr für sich selbst sorgen kann und nur noch einen Haufen Probleme mehr mit sich bringt, denn letztendlich soll der ganze Kram irgendwie funktionieren.

Haushalt mit Kindern ist ein 24 Stunden Job ohne Wochenende, an dem man mal vernünftig ausschlafen könnte. Die Belohnung ist ein inneres Gefühl das Richtige zu tun, man ist für den anderen da und aus dieser angenommenen Verpflichtung heraus ist man motiviert, sich einfach hängen zu lassen geht nicht. Würde dieser Job vermasselt werden, würde tatsächlich die ganze Welt vermasselt werden, weil ohne diesen gesellschaftlichen Grundbaustein Familie, nichts funktionieren würde.

Ganz grundlegend gibt das Wort Freund ausreichend Orientierungspunkte, wie man sich in einer Beziehung verhalten soll. Jemand der einem kein Freund ist, tut Dinge die einen nicht erfreuen – so einfach! Somit spielt das Verhalten zueinander eine große Rolle.

Jedes Spiel fußt auf ganz bestimmten Regeln. Bricht man diese Regeln, verliert man das Spiel. Eine übergeordnete Regel in einer Beziehung ist die Thematik Abwertung. Abwertung bedeutet, dass die Person in ihrem Wert geschmälert wird. Jeder hat seinen individuellen Wert, der eine kann dies besser und der andere jenes.

Abwertung an sich zielt besonders auf die Achtung ab, welche jedes Individuum auch unabhängig von ihren Fertigkeiten hat: Es ist die Würde der Person. Zu sagen: „Du bist blöd!", gibt der Gegenseite direkt den Impuls sich zur Wehr zu setzen und es geschieht sehr leicht, dass ein Wort das andere ergibt und der Topf überkocht.

Natürlich bedarf es der Selbstdisziplin, sich zusammenzureißen um nicht in einem Gefühlsausbruch los zu poltern. Es ist zu oft in der Tat so, dass man diejenigen am meisten verletzt, die man am meisten liebt – geht auch nicht anders, wenn man zu dem Gegenüber keine emotionelle Bindung hat, wird man von diesem auch nicht viel verletzt werden können!

Abwertung bedeutet nicht nur die Person nicht zu schätzen, sondern auch die Dinge die sie tut, die Dinge mit der sich die Person identifiziert, schlecht zu machen. Abwertung ist auch Ignoranz – man ignoriert Dinge die keinen Wert haben.

Wen man nicht auf die Wünsche des Partners innerhalb der Beziehung eingeht, ist auch eine Abwertung, wenn auch indirekt – natürlich haben auch Wünsche ihre Toleranz-Grenzen. Warum sollte man jemanden lieb haben, der einen nicht schätzt?

Allerdings spielt die Person selbst eine große Rolle. Man könnte sagen, dass die Beziehung so stabil ist, wie die einzelne Person innerhalb der Beziehung. Die Person existiert zu allererst als Individuum. Wenn die Person sich selbst verliert, wird sie auch die Beziehung verlieren. Es hat keinen Sinn, sich selbst, mit all seinen Zielen, Absichten und Neigungen aufzugeben. Man gibt sich selbst auf und wenn man dies tut, wird man mit sich selbst unglücklich. Man sollte zusehen, dass man für sich selbst glücklich ist und dann die Ziele und Absichten für die Beziehung mit seinen eigenen Zielen und Absichten in Einklang bringen. Tut man dies nicht, geht man nicht nur selbst zu Grunde, sondern auch die Beziehung und der Partner.

Kümmere dich darum, dass dein Partner in der Beziehung noch Raum zum Atmen hat!

Noch ein paar Kleinigkeiten

Wenn dann der Alltag eingekehrt ist: Werde nicht wütend auf deinen Partner und mache ihm keine Vorhaltungen. Schon mal vor jemandem gestanden der richtig wütend auf dich war? Wie hast du dich gefühlt? Nun, du hast seine Emotion abgekriegt und diese hat dich eingeschüchtert. Wenn du deinem Partner erneut begegnest, wirst du aufpassen ihn nicht noch einmal in Zorn zu versetzen, du wirst aufpassen, was du zu ihm sagst, ebenso wie du versuchst nicht noch einmal das zu tun, was den anderen in Wut versetzt hat.

Somit beeinflusst die Emotion des anderen dein Verhalten, du wirst weniger und weniger du selbst. Und je weniger du selbst bist, umso unglücklicher wirst du werden. Die Angst dem anderen ein Missgeschick oder einen Wunsch zu äußern wird so groß, dass man beginnt zu lügen und dies bedeutet das wirkliche Aus für die Beziehung, wenn man mit dem anderen nicht mehr ehrlich sein kann.

Ebenso, wenn man dem anderen vorhält womit man ihm geholfen hat oder was dieser immer falsch macht. Du zwingst die Person dazu ihre Konsequenzen zu ziehen, dich nicht mehr zu fragen oder Dinge vollständig alleine zu regeln. Dies ist ein Schritt in das Aus für die Partnerschaft, weil man dann Dinge alleine zu regeln beginnt, nicht mehr darüber sprechen mag.

Natürlich hat man nicht immer Zeit, natürlich hat man nicht immer die Geduld für den anderen, aber man kann sich dennoch zusammenreißen und ein gewisses Maß an Verständnis an den Tag legen, einfach der Partnerschaft zu Liebe!

Zwinge dich dazu deinen Mitmenschen freundlich gegenüber zu sein, auch wenn sie es nicht sind. Gib der Unfreundlichkeit keine Chance sich weiter zu verbreiten, arbeite daran diese Welt zu einer freundlicheren Welt zu machen ... sie bringt dir Freude zurück. Man hört Mütter sagen, dass es nichts Vergleichbares gibt, was einem ein Kind geben kann. Es ist die Freude, die das Kind ausstrahlt, von der man berührt wird – man bekommt die Kraft der emotionalen Wellenlänge mit.

Man kann nicht mit und nicht ohne den anderen? Ja klar, wenn man keine Grundlagen hat, wie man sich mit dem anderen vertragen kann, hat man sich ständig in den Haaren.

Meine Frauengeschichten? Vielleicht wäre genug damit gesagt, dass sie mich einen Haufen Zeit, Nerven und Geld gekostet haben. Dies als die Soll-Seite der Bilanz. Haben? Nun, ich durfte erfahren, was Zuneigung, Hoffnung, Sehnsucht, Wärme und Zärtlichkeit bedeutet, ich durfte erfahren, was die Liebe ist, das ganze Paket: „... in guten und in schlechten Zeiten." Und wisst ihr was? Es ist ein Teil vom Leben, es bringt etwas Aufregung in die Sache und macht das Leben als solches nicht langweilig ... Unterhaltung ... ein Spiel.

Der Partner hat mich verlassen, nachdem ich geholfen habe? Ja und? Ich weiß, dass es ihm dadurch besser ging und wahrscheinlich ist es so, dass auch mir mal geholfen wird, wenn ich mal richtig in der Klemme stecke und ich danke der Person schon jetzt, dass es sie gibt! Und wahrscheinlich gibt es diese Person auch nur, weil ihr schon einmal jemand geholfen hat, als sie in der Klemme saß!

Und ja, Frauen scheinen mit zunehmendem Alter komplizierter und komplizierter zu werden. Kein Wunder, zu viele schlechte Erfahrungen! – Das Gleiche werden Frauen wohl auch über Männer sagen. Das Gute an Erfahrung ist, dass du genau weißt, was du nicht willst!

Reagiert ein Mensch bzgl. einer Angelegenheit ziemlich heftig, hat er diesbezüglich selbst keine reine Weste.

Regelt Ungereimtheiten sofort. Das Fass füllt sich langsam und entleert wird es oft mit einem großen Knall.

Übernehme Verantwortung <u>mit</u> deinem Partner. Denke mit daran und trage dazu bei, dass Dinge funktionieren. Streiten bringt Einsamkeit. Arbeitet zusammen um das tägliche Dasein zu bestreiten. Siehe auch den zweiten Dynamik Kodex am Schluss dieses Textes.

„Eine Pflanze wird so lange wachsen und gedeihen, wie man den Lebensraum schafft, in dem dies möglich ist. <u>Und dies erfordert ständiges Tun!</u>"

Gewährt euch gegenseitig Zeit und Hobbys, ohne den Bereich des anderen zu strapazieren. Es gibt acht Dynamiken!!!

Gibt es Begebenheiten, wodurch beide betroffen sind, wie zum Beispiel Besuch der Eltern oder eines Freundes, sprecht euch ab, dass ihr beide es ermöglicht, mit gegenseitigem Einvernehmen. Geht nicht hin und ladet ohne Wissen des Partners jemanden ein, es wird Ärger geben.

Wird ein Haushalt geführt und beide arbeiten Vollzeit, errichtet auf der Bank ein „Haus-Konto", auf das jeder den gleichen Betrag pro Monat einzahlt. Von diesem Konto werden die direkten Unterhaltungskosten wie Miete, Nebenkosten, Lebensmittel bezahlt. Sollte einer von euch beiden ein besonderer Genießer sein, bezahlt er dieses Extra selber.

Die monatlichen Kosten ermittelt ihr mit einem Haushaltsbuch, als „Beweisführung". Es muss so geführt werden, dass man die Kosten unterscheiden kann. Mein Haushaltsbuch enthält folgende Aufteilung: Nahrung, Putzmittel; Hauskosten; Anschaffungen „Haus"; Auto; gemeinsame Kosten (wer bezahlt hat ist angekreuzt); Kerstin; Wolfgang; Katze.

Lass nicht zu, dass der Partner dich immer einlädt - er wird es dir irgendwann vorhalten. Seit für einander da und helft euch. Doch wenn ihr nehmt, müsst ihr auch geben.

Notiert euch die gemeinsamen Anschaffungen und hebt die Belege auf. Bei einer Trennung wird einer die Anschaffung mitnehmen und der andere Geld erhalten oder etwas anderes dafür bekommen. Setzt euch zusammen und regelt es fair, ihr wisst nie wie und ob ihr euch wieder begegnet. Eine unfaire Teilung bringt Unmut!

Man trifft sich im Leben immer zweimal!

„Versuche deine Mitmenschen nie zu verärgern!" Denkt daran, ihr wart Freunde und kennt euch. Eine kaputte Beziehung heißt nicht, dass man als Freunde nicht mehr für einander da sein kann.

Eine Familie und Kinder macht alles etwas schwieriger. Aber bedenke, stellst du fest, dass du in der Beziehung zu Grunde gehst, wird auch deine Umgebung zu Grunde gehen. Ziehe einen Schlussstrich und beginne ein neues, glückliches Dasein.

Wichtig im Leben ist, nie aufzugeben! Denk daran, du hast Beine. Wenn du irgendwann einmal hingefallen bist, kannst du auch wieder aufstehen. Und wenn du es dieses Leben nicht schaffst, dann schaffst du es nächstes. Du darfst nur nicht aufgeben!!!

Beharrlichkeit ist das Wichtigste was man haben kann. Man könnte sie oberhalb von Intelligenz anordnen. Intelligenz mag vieles einfacher machen, aber nur mit Beharrlichkeit wirst du dein Ziel erreichen.

Halte immer deine Augen und Ohren offen. Sind Dinge kompliziert, dann gibt es wahrscheinlich Personen im Hintergrund, die nicht wollen, dass Dinge wirklich verstanden werden, wahrscheinlich wissen sie selber nicht Bescheid.

Die Welt und Ihre Wesenheit ist einfach. Wenn jemand etwas wirklich verstanden hat, kann er es dir ganz einfach erklären. Du musst nur aufpassen, dass du die Wörter alle verstehst, wie in meinen Texten beschrieben.

Noch etwas: **Vergiss niemals deine Freunde. Niemals!!! Du weißt nie wann du sie brauchen wirst.**

Zudem, dort wo ich herkomme hat man einen präzisen Weg sich von den Fesseln des Verstandes zu lösen und ist somit in der Lage unfallfrei geradeaus zu denken. Dort gibt es für jeden Aspekt im Leben funktionsfähiges Wissen. Sei es nun Verstehen, das Lernen, Kommunikation, entdecken und steigern persönlicher Fähigkeiten, psychosomatische* Krankheiten, Beginnen und Führen einer Ehe, Kindererziehung, mit anderen zurechtkommen, die Lösung zum Drogenproblem, Entgiftungsprogramme, Dekriminalisierung in der Gesellschaft, Management, Finanzmanagement, Verwaltung, Public Relation, Ethik, Unterdrückung erkennen und zerschlagen, usw.

Dieses Wissen wurde rein aus Beobachtung geschrieben und ist nicht die Meinung eines Menschen. Der Mensch braucht Wissen, auf das er sich verlassen kann. Stabile Daten, die ihm helfen durchs Leben zu gehen und helfen wieder aufzustehen, wenn er hingefallen ist. Wissen wird er nur durch Klarheit. Der Mensch wird nur so erfolgreich durch das Leben gehen können, wie Dinge wirklich klar sind. Im Nebel geschehen oft Unfälle!

richtig und falsch

Wenden wir uns nun einem äußerst philosophischen Thema zu: richtig und falsch. Ich meine, wann ist richtig richtig und falsch falsch?

Nun, mal sehen was ich mit meinem eingeschränkten geistigen Horizont daraus mache. Wie immer versuche ich dieses Thema sehr kurz zu halten, um den Leser mit langatmigen Darstellungen nicht zu strapazieren. Halten wir das Ganze kurz und knackig und beschränken uns auf die Grundlagen. Wie heißt es so schön? In der Kürze liegt die Würze.

Wie in an andere Stelle erwähnt, gibt es zu allem eine Skala: von ganz falsch zu ganz richtig. So ist es auch bei diesem Thema. Richtig und falsch ist in der Regel situationsbedingt. Ein Bekannter von mir ging zu einem Schamanen und das Thema richtig und falsch kam zur Sprache. Der Schamane meinte, dass seine Ausrichtung zwischen richtig und falsch stehen würde, also neutral sei. Mein Bekannter hätte ihm folgende Fragen stellen sollen: „Was tun, wenn er auf einer Seerundfahrt auf einem Passagierschiff teilnähme und mitten auf dem See fiele ein Kind über Bord? Zum Kapitän gehen und sagen, er solle unter allen Umständen weiterfahren oder das Schiff anhalten, um das Kind zu retten? Was passiert, wenn er nichts tun würde, wäre er dann gut oder schlecht?" Mit dem obigen Beispiel will ich zum Ausdruck bringen, dass sich richtig und falsch in der realen Welt abspielen. Der Mensch pauschalisiert sehr gerne und verliert dabei den Bezug zur Realität.

Es gibt nichts Schlimmeres wie starrsinnige Regeln oder Gebote. Nehmen wir: Du sollst nicht töten. Ziehst du nun für dein Vaterland in einen Krieg, ist dieses Gebot plötzlich außer Kraft. Du würdest sogar bestraft werden, wenn du es nicht tust!

Werfen wir einen Blick auf ein paar Grundlagen/Parameter, an denen sich richtig und falsch messen lässt: Nun noch mal, Vernunft, Definition: **„Das Tun oder Unterlassen von Aktionen, die dir und deinen Symbionten auch in Zukunft mehr Vorteile als Nachteile bringen."** Bedenke der acht Dynamiken!

Probleme bei der Umsetzung? Du weißt nicht ob dein Tun richtig ist? Ganz einfach:

- **Behandele andere so, wie du selbst behandelt werden möchtest.**
- **Verursache nur Dinge die du auch selbst erfahren möchtest.**

So solltest du auch mit deinen Mitmenschen verkehren, wenn du der Meinung bist, dass dir Unrecht geschieht. Frage den anderen: **„Würdest du gerne so behandelt werden wie du mich gerade behandelst/oder behandelt hast?"**; „Würdest du gerne den Schlamassel erhalten, den du weitergegeben hast?" und **„Es liegt an dir dies zu ändern, denk darüber nach!"**

Jeder Schritt in Richtung Glücklichsein ist ein Schritt in die richtige Richtung, jeder Schritt in Richtung Unglück ist falsch! Sich selbst, die Welt um einen herum zu verstehen ist ein Stück Glücklichsein – und sei es das Böse zu erkennen damit man etwas dagegen tun kann. Wende dich nicht einfach vom Bösen ab, was ist wenn es sich dir zuwendet?

Kodex für die 2. Dynamik

Ich verspreche:

1. dich glücklich zu machen.
2. dir ein Gefühl von Sicherheit zu geben.
3. nicht deine Gefühle, Gedanken, Meinungen oder dein Verhalten abzuwerten.
4. mit dir so viel Kommunikation wie möglich aufrecht zu erhalten, sogar dann, wenn ich eine schwere Verstimmung zu beheben habe.
5. dir zu helfen und dir beizustehen, für dich als Partner da zu sein, wann immer es nötig ist.
6. die Verantwortung für meine unkorrekten Handlungen zu vergrößern.
7. nicht in Mitleid mit dir zu gehen, sondern effektiv zu handeln.
8. dir Seinheit zu gewähren.
9. mit dir ehrlich zu sein.
10. mich nicht in sexuelle Aktivitäten* mit anderen Personen einzulassen.
11. dir nicht meine Realität aufzuzwingen, sondern effektiv zu handeln und nach Verständnis zu streben.
12. keine rein sexuelle Beziehung mit dir zu haben, sondern mich um dich auch als Wesen zu kümmern, um eine tiefe Bande des Verstehens und der Zuneigung zu knüpfen. Denn sich nicht zu verstehen, sich nicht zu vertragen, heißt irgendwann die Bande der Liebe zu brechen.
13. mich mit jenen Aktionen zu befassen, die zu einem immer höheren Grad an Verständnis führen und mit jenen Aktionen, welche eine Umgebung etablieren und aufrechterhalten werden, in der zwei Wesen wachsen und expandieren können in dieser und anderen Dynamiken.

Bei jeder aufgedeckten Verletzung des Kodexes durch einen Partner, kann der andere auf diesen Kodex hinweisen und derjenige, der ihn verletzt hat, ist dann verpflichtet, die Situation in einer Weise zu handhaben, dass beide mit der Lösung zufrieden sind. Zusatz: Derjenige, der den Kodex verletzt, kann verlangen, dass der Partner an der Lösung der Situation mitarbeitet.

Dein Regenbogen

Der Wind weht die letzten Wolken vom blauen Himmel. Das gleißende Licht der Sonne vertreibt die Trübsal der letzten Regentropfen.

Und du siehst einen Regenbogen im blauen Himmel. Er schillert in den prächtigsten Farben, von einem bezaubernden Violett, bis zu einem leuchtenden Gelb.

Du träumst und denkst:
„Wird es am Ende dieses Regenbogens einen Topf voller Gold geben?"

Nun, du siehst ihn, diesen Regenbogen, du siehst ihn mit deinen eigenen Augen. Es gibt ihn tatsächlich.

Aber es gibt da noch etwas:
Den Topf voller Gold!

Du musst nur aufstehen und ihn dir holen!

Glossar

adrett: Sauber und ordentlich, deshalb einen gefälligen Eindruck machend.

Amalgam: Zahnfüllung mit Quecksilberanteil. Quecksilber als Schwermetall soll negative Wirkungen auf den Organismus haben. Meine Zahnärztin meinte dazu, dass Quecksilber nur in gasförmigem Zustand schädlich sei und dies kommt als Füllung nicht vor ... Panik-Mache! Problematisch sei jedoch, wenn Füllungen verschiedener Art vorkämen, wie bei einem Zahn mit Goldfüllung und ein anderer mit Amalgam – die Amalgamfüllung kann sich auflösen.

Anatomie: Wissenschaft vom Bau eines Körpers. [grch. *ana* = auf + *tome* = schneiden]

Anmut: Zustand der Heiterkeit.

Antagonismus: Feindseligkeit.

Apathie: Teilnahmslosigkeit; Gleichgültigkeit gegenüber seinen Mitmenschen und der Umgebung.

Arm hochhalten: Amar Bharti hält seit 1973 seinen rechten Arm hoch. Amar gehört zu den heiligen Männern Indiens und lebt in religiöser Askese.

Asterisk: Sternchen; kennzeichnet eine Fußnote, also eine Erläuterung oder Anmerkung zu der gekennzeichneten Sache.

Ästhetik: Lehre über die Schönheit von Dingen.

authentisch: echt, glaubwürdig. In einer Form wirkend, dass man davon glaubt, dass es wirklich so ist, nicht imitiert oder gefälscht.

Axiom: (a) als richtig anerkannter Grundsatz. (b) Aussage, welche als wahr oder richtig gehalten wird. (c) Auf einem Naturgesetz beruhende Aussage.

Bastion: Bollwerk, Schutzwehr.

Beckham Viktoria: Popsängerin und Frau eines englischen Fußball-Nationalspielers.

Bravo: Aufklärungsmagazin für Personen in der Pubertät als Zielgruppe.

Buch, der Chef in seinem B.: Anspielung auf Gott und die Bibel; Fundament des christlichen Glaubens.

Carpe diem (lat.): eigentl. „Nutze den Tag". Die englische Interpretation gefällt mir am besten: Mache das Beste aus der sich bietenden Gelegenheit.

Charakter: Eigentlich „Merkmale". Damit sind auch die Marotten der Person gemeint.

D, 2D: Zweite Dynamik, siehe Dynamiken.

Dad: engl. Slang für Vater.

defensiv: verteidigend, sich zurück drängen lassen.

dekadent: kultureller Verfall, entschwinden moralischer, geistiger und menschlicher Werte.

Destruktion: Zerstören.

Dialektik: Kunst der Gesprächsführung.

Dissoziation: (eigentl. Trennung). Zusammengehörige Denk-, Handlungs- und Verhaltensabläufe zerfallen in einzelne unkontrollierte Teile und Einzelerscheinungen.

dünken: jemandem so vorkommen, scheinen [>denken].

Dynamik: Kraft, Antrieb.

Dynamik, zweite: Antriebskraft; Familie, Sex, Kinder – siehe Dynamiken.

Dynamiken, acht: Antriebskraft; Das physikalische Universum gliedert sich auf in acht Antriebskräfte: 1. Eigendynamik – die Person selbst; 2. Sex und Kinder; 3. Gruppendynamik; 4. Menschheit; 5. Pflanzen und Tiere; 6. Materie, Energie, Raum, Zeit; 7. Die Person als geistiges Wesen; 8. Gott oder Unendlichkeit. Jede Person hat alle diese acht Dynamiken. Würde man eine davon aus dem Leben der Person entfernen, könnte sie nicht mehr leben (LRH).

Eloquenz: überzeugende Ausdrucksweise; redegewandt, etwas auf überzeugende Weise darlegend.

Entität: Etwas was für sich selbst lebt, für sich selbst existieren kann.

exaltieren: [lat. *ex* = über ; *altus* = hoch] sich in einer dem Anlass unangemessenen, übertriebenen Weise erregen; hysterisch.

Fahnenflucht: (übertragen), sich seiner Verantwortung durch Flucht entziehen. In Kriegszeiten wurden Fahnenflüchtige erschossen.

forcieren: Nachdruck auf etwas legen; ein bestimmtes Handeln erzwingen.

Geburt: Jeder Mensch hat eine. Ich denke, es ist mittlerweile klar geworden, dass Informationen nicht in den Zellen gespeichert werden können. Die Zelle ist nur eine Erscheinungsform von Energie, wobei diese Energie eine Information braucht, um spezifisch wirken zu können.

Gedanken, seltsame G.: Gedanken ohne Logik oder Vernunft, welche gegen das Prinzip der Symbiose verstoßen und bei der Ausführung mehr Schaden anrichten als Nutzen.

Gegenabsicht: Absicht gegen Absicht: Du willst den Sommerurlaub in Spanien verbringen aber dein Partner möchte mit dir nach Schottland. Du willst Geld verdienen aber der Staat nimmt dir das verdiente Geld in Form von Steuern wieder ab.

genervt: Eine Sache ist lästig, man möchte damit nichts mehr zu tun haben. Die Geduld ist erschöpft.

Gros: überwiegender Teil einer Gruppe oder Anzahl.

gütlich: man ist gütig zueinander. Zeigt sich freundlich und nachsichtig in der Abmachung.

Hitler, Adolf: Verursachte den zweiten Weltkrieg von 1939-1945 mit ca. 60 – 70 Millionen Toten.

Impuls [lat. *impulsus* = anstoßen]: Wenn ein Gegenstand gegen einen anderen

Gegenstand schlägt, zum Beispiel eine Reihe pendelartiger aufgehangener Kugeln. Hebt man eine am Ende befindliche Kugel an und lässt diese in schwingender Bewegung gegen die Kugelreihe fallen, stellt man fest, dass sich die am anderen Ende befindliche Kugel mit ähnlicher Schwingungskraft wegbewegt. Auf diese Weise entwickelt sich eine „wellenförmige" Bewegung. Je fester die erste Kugel auf die Kugelreihe stößt, umso höher wird die letzte Kugel schwingen. Je mehr Kraft umso höher die Amplitude (äußerster Schwingungspunkt eines Pendels). Ein Impuls ist eine abrupt wirkende Kraft, wie ein Stoß oder ein Schlag.

Intellekt: Die Fähigkeit durch Denken Einsichten und Erkenntnisse zu erzielen.

invertieren: umwandeln: von gut zu schlecht, funktionsfähig - kaputt, usw..

Kapitaldecke: finanzielle Rücklagen.

Karma: Das durch früheres Handeln bedingte gegenwärtige Schicksal. Geistige Eindrucksbilder wie Ideen, Gedanken, Erfahrung sind Energie geladen. Es scheint tatsächlich so zu sein, dass diese Art Energie genau die Geschehnisse „hereinzieht" wie sie die geistigen Eindrucksbilder vorgeben, vergleichbar mit dem Gravitationsgesetz aus der Physik (Massen ziehen sich an). Somit ist der Mensch sein eigener Richter, weil er der Einzige ist, der wirklich weiß, was geschehen ist.

Katalysator: Mittel mit dem ein Stoff in einen anderen Stoff umgewandelt wird, bzw. die Umwandlung beschleunigt wird, ohne selbst verbraucht zu werden.

Kommunikation, in K. sein mit: Bezieht sich auf einen vollständigen Kommunikationszyklus: Er beginnt, ändert sich, stoppt und wird umgedreht: Der Kommunizierende nimmt wahr, versteht und handelt; nun nimmt der Gegenüber wahr, versteht und handelt. Falls es kein Handeln oder Antworten in diesem Zyklus gibt, wird der Kommunikator einen Antwort-Hunger bekommen, er ist nicht zufrieden und wird nach einer Weile verstimmt sein. Beispiel: Mutter: „Möchtest du Milch haben?", Kind: „Ja.", Mutter: „OK." Ebenso im Baseball: Der Werfer wirft den Ball und der Schläger versucht den Ball mit seinem Schläger zu treffen. Somit haben wir Absicht und Aufmerksamkeit – Ursache, Entfernung und Wirkung. Man kann ein Spiel haben wenn man in Kommunikation ist.

Konservatismus: In seiner Einstellung dazu neigend am Alten festzuhalten, Neuem gegenüber misstrauisch zu sein.

konstruktiv: aufbauend, den sinnvollen Aufbau fördernd, entwickelnd, erschaffend. Gegensatz: destruktiv.

konventionell: herkömmlich; in einer allgemein bekannten und übereingestimmten Form.

Korollarium: Schlussfolgerung, die auf einer vorhergehenden Aussage beruht.

kultivieren: sich darum kümmern, das Dinge in einen guten, zivilisierten Zustand gelangen.

Leitungselektronen, freie L.: Theorie darüber, dass elektrische Energie in metallischen Leitern durch „freie Elektronen" transportiert werden soll. Elektronen sind Elementarteilchen vom atomaren Aufbau.

Liebelei: kurze, nicht ernst gemeinte Liebesbeziehung.

Manieren: Art und Weise des Verhaltens um in einer Gesellschaft ohne Reibereien aneinander vorbei zu kommen. Manieren gehören zu den Grundlagen gesellschaftlicher Akzeptanz.

Maxime: Leitsatz.

Melancholie: [griech. *melas* = schwarz + *chole* = Galle]; von großer Niedergeschlagenheit, Traurigkeit oder Depressivität gekennzeichneter Gemütszustand.

Mens sano in corpore sana: ein gesunder Geist in einem gesunden Körper.

Missstand: Abweichen von der idealen Szene, welche beinhaltet, dass Dinge zu einem Optimum funktionieren, mit einem Minimum an Verlust oder Verschwendung. Man erreicht in angemessener Zeit ein austauschbares Produkt.

monogam: [grch. *monos* = allein + *gamein* = heiraten]; Ehe mit einem Partner; Ggs. Polygam.

Moral: eigentlich die Einstellung der Person einer Sache gegenüber.

Müßiggang: freie Zeit habend; untätig sein.

neural: auf das Neuron beziehend: Nervenzelle, Leiterbahnen der Nerven.

Odyssee: Irrfahrt; nach dem Griechen Odysseus der nach langer Irrfahrt und vielen Abenteuern nach Hause kam.

Parameter: [*para* = neben + *meter* = Maß]; kennzeichnende Größe, mit deren Hilfe Aussagen über Aufbau, Leistungsfähigkeit von etwas gewonnen werden. .

perfekt: vollendet, etwas ist abgeschlossen, es gibt nichts mehr hinzuzufügen.

Phallussymbol: Phallus = eregierter Penis. Die Sache wird nicht mehr als Sache gesehen, sondern es wird gedeutet, welcher Komplex damit kompensiert wird. Dass z. B. der Bau des höchsten Wolkenkratzer als Aufmerksamkeitsdefizit und geringem Selbstwertgefühl dargestellt wird.

Photon: kleinste Materieeinheit; Quant, Lichtteilchen.

plausibel: einleuchtend; in seiner Form klar nachvollziehbar, verständlich.

Porno: Kurzform für Pornographie [grch. *pórnō* = Hure + *graphein* = schreiben]; sprachliche, bildliche Darstellung der Sexualität.

Prinz: [lat. *princeps* < *primus* = erste]; nicht regierendes Mitglied eines Fürstenhauses.

psychosomatisch: [*psyche* = Seele + *soma* = Körper] eigentlich wie der Verstand mit Energie auf den Körper einwirkt und dessen Form verändert. Wenn du dir auf den Finger haust, spürst du Schmerz in Form von elektrischer Energie – mehr Schmerz, mehr Energie welcher von der Zelle ausgesandt und von dir wahrgenommen wird. Diese Energie, wie auch der deformierte Finger werden als Erfahrung (Faksimile = geistiges Eindrucksbild mit messbarer Energie) gespeichert. Nimmst du nun Töne oder Gerüche wahr oder siehst ähnliches wie die einst gemachte Erfahrung, fließt die Energie aus diesem Faksimile und verändert mit Schmerzen die Körperstruktur um dich vor einer „Gefahrenstelle" zu warnen – somit auch entsprechendes Verhalten der Person. Mit dem Nachteil, dass man dann „krank" ist, allerdings zum „Schutz" des Körpers. Hierin befinden sich ca. 80% des bekannten Krankheitskataloges, wie Migräne, Magengeschwüre, Arthritis, Krebs usw. sowie die Anfälligkeit für Viren/Bakterien. Weiterhin alle Neurosen und Psychosen, dies sind die Verhaltensformen welche die Energie aus dem Faksimile der Person diktieren, ein erzwungenes Verhalten!

Rallye: Motorsportveranstaltung bei der serienähnliche Kraftfahrzeuge zum Teil über nicht befestigte Straßen im Gelände fahren.

Rhetorik: Kunst des Vortragens.

Rorschach: Ein von Psychoanalytikern und Psychiatern angewendetes Testverfahren, um mit Tintenklecksen zu versuchen, die gesamte Persönlichkeit des Probanden zu erfassen. Nach dem Schweizer Psychiater Hermann Rorschach.

Schnitzer: kleinerer Fehler.

sexuelle Aktivitäten: Jeder Geschlechtsverkehr mit einer anderen Person und jede absichtliche Annäherung an eine andere Person im Hinblick auf eine 2. Dynamik.

spinnefeind: sehr verfeindet (in Anlehnung an den Kannibalismus mancher Spinnenarten).

subtil: [eigentl. fein gewebt] mit viel Feingefühl, mit großer Sorgfalt, Genauigkeit vorgehend oder ausgeführt.

sukzessiv: folglich, nach und nach.

Symbiose: [lat. *sym* = mit + *bios* = leben]; das miteinander Existieren zum gegenseitigen Nutzen.

Teeny: (pl. Teenies) Person zwischen dem 10ten u. 20ten Lebensjahr.

Thetan: [grch. *theta* = Geist]; ein geistiges Wesen; Wortschöpfung.

To-Do-Liste: Liste mit auszuführenden Handlungen, geordnet nach Wichtigkeit und Zeit.

unglücklich verliebt: Man hat sich in jemanden verliebt, den man nicht bekommen kann, jemanden, der die Liebe nicht erwidert.

Unterfangen: Unternehmen dessen Erfolg nicht gesichert ist, das im Hinblick auf sein Gelingen durchaus gewagt ist.

Vergleich: Einigung durch gegenseitiges Nachgeben. Die Kosten des Rechtsstreites werden ebenso geteilt, bzw. richterlich festgelegt. Allerdings bleibt der Kläger auf seinen Kosten für Anwalt und Gericht sitzen, wenn bei der Gegenseite nichts zu holen ist. Bei einem Vergleich verdient der Anwalt mehr.

versiegen: aufhören zu existieren; entschwinden.

Vettel: schlampige, hässliche ältere Frau.

Wirkungsseite: Derjenige der die Schönheit sieht, also derjenige der von der Schönheit beeindruckt wird. Die Ursacheseite ist dort wo die Schönheit herkommt.

Zelle: kleinste sich selbst erhaltene lebende Einheit. Es wurde festgestellt, dass Haare und Fingernägel auch nach dem „Hirntod" noch wachsen. Es gibt diese „Austrocknungstheorie", dass die Bartstoppeln nur wegen zurückgehender Haut wieder zum Vorschein kämen. Na, dann mach mal den Versuch und beobachte einen gut temperiert gehaltenen Körper auf Austrocknung während den ersten paar Stunden in der Leichenhalle – und vergiss nicht die Feuchtigkeitscreme, dein Messgerät für die Feuchtigkeit, die Pinzette und den Zollstock für die stündliche Längenmessung der gezogenen Bartstoppeln! Die Wissenschaft möchte mit der Sache genannt Leben nichts zu tun haben, das etwas, was die Zelle organisiert und belebt, diese nicht greifbare, unberechenbare Kraft. Der Organismus soll tot sein, was das Ende des Lebens bedeuten soll, was nun einfach mal nicht stimmt!

Zensur: Sie dient dem Ziel, das Geistesleben in religiöser, sittlicher oder politischer Hinsicht zu kontrollieren.

Zölibat: [lat. *caelebs* = ehelos]; Standespflicht kath. Geistlicher zur sexuellen Enthaltsamkeit und Ehelosigkeit.

Über den Autor

Wolfgang Fries, am 16.01.1966 in St.Wendel/Saarland geboren. Ich hatte eine reguläre Schulausbildung bis zur mittleren Reife. War Zeitsoldat bei der Bundeswehr, bis ich 1994 ins Handwerk kam.

Im Handwerk zu arbeiten war für mich eine Bereicherung im Leben. Ich konnte gut gesellschaftliche Kontakte knüpfen und war nach getaner Arbeit immer noch gerne gesehen. Es schlossen sich einige Freundschaften und ich fühlte eine soziale Verbundenheit mit meinen Mitmenschen.

Leider musste ich dieses schöne Handwerk aufgeben. Sowie es aussieht können schlechte Dinge auch ihr Gutes haben. Würde ich nicht im Rollstuhl sitzen, hätte ich dies hier wahrscheinlich nie geschrieben. Bei einem verhängnisvollen Unfall mit dem Motorrad brach ich mir die Wirbelsäule und bin seit dem irreparabel querschnittsgelähmt.

Doch es gibt etwas im Leben, was man kennen sollte: **Das Leben selbst.** Bei all der Arbeit die man tut, all dem Spaß den man hat, sollte man dies nie vergessen.

So bin ich nun hingegangen und habe alles aufgeschrieben. Ich selbst sehe es als meine Verantwortung meinen Mitmenschen gegenüber, da keiner zu mir kam und mir all dies erzählte. Ich hoffe für den Leser, dass er durch das Wissen in diesem Buch im Leben glücklicher sein kann!

Philosophie des Lebens - Das Buch der Grundlagen -

Was sind die Grundlagen des Daseins? Welche Geisteshaltung bedarf es in der heutigen Zeit um im Leben bestehen zu können, um Glück und Wohlergehen zu erfahren? Was ist wichtig zu wissen?

Der Mensch selbst, als denkendes Wesen ist der Ansicht, dass seine mächtigste Waffe der Verstand ist. Aufgrund seiner Fähigkeit zu denken hat er sich die Erde zum Untertan gemacht. Und tatsächlich, das Denken bestimmt das Handeln des Menschen, der Mensch ist nur so stabil wie sein Gedanke.

Der Gedanke selbst fußt auf Grundlagen die bestimmend dazu sind, wie man überlebt. So versucht der Mensch sich selbst, sein Denken und Handeln, die Welt um sich herum zu verstehen.

Verstehen: Was ist wichtiger als Verstehen selbst?

Grundlagen komprimiert verpackt, in kurzen Texten dargestellt. Mehr als 200 Essays führen den Leser zu mehr Verstehen im Leben und über das Leben selbst, sei es nun über den Menschen, das Denken, Glücklichsein, Beziehung, Lernen, Beruf, den Ursprung von Krankheiten, gesellschaftliches Dasein, Religion, Politik oder Freiheit.

Die Probleme des Menschen werden von der Ursache her geschildert und Lösungen angeboten. Es macht einen Unterschied dieses Wissen zu haben und sich dadurch selbst zu helfen.

Als Taschenbuch oder als Bibliotheken-Ausgabe im extra stabilen Hardcover-Format und Fadenbindung herausgegeben. „Philosophie des Lebens – Das Buch der Grundlagen" ist der Gesamt-Band welcher die Bücher „Meine Philosophie", „Lernen wie man lernt, lernen wie man versteht", „Eine glückliche Beziehung führen", „Rückführung – Einführung und Kurzanleitung" und ehemals „Im Leben bestehen – Die Bibel des 21sten Jahrhunderts" in einem Buch vereint.

Philosophie des Lebens - Das Buch der Grundlagen -; 656 Seiten, 2017.

ISBN: **978-3-7357-8561-9** - Hardcover,

ISBN: **978-3-7460-2923-8** - Taschenbuch

Meine Philosophie

Das Leben selbst will leben. Alles Wissen könnte man in eine Pyramide hineinpacken, wobei an der Spitze der Pyramide nur ein einziges Wort steht: Leben.

Das Wort „Leben" selbst ist nicht ausreichend aussagekräftig und gibt in seiner Definition nicht alle notwendigen Informationen, um der Vielfalt des Daseins Genüge zu tun.

Der Mensch ist reichhaltig an Wissen und doch stellen wir fest, dass jegliches Tun oder Denken letzten Endes auf „Leben" reduziert werden kann. Somit haben wir eine Abstufung von Wichtigkeit.

Leben wird wahrscheinlich nur vollständig verstanden werden können, wenn man alle Informationen zusammenträgt und diese gegeneinander auswertet und zuordnet – eine unmögliche Aufgabe, da es fortwährend neues Wissen und Erkenntnisse gibt, sich Sichtweisen ändern und die Informationen wieder erneut ausgewertet und zugeordnet werden müssen.

Aber vielleicht genügen schon ein paar zentrale Punkte, um Orientierung im Leben zu haben und jegliches Wissen um die zentralen Punkte kann erweitert oder ersetzt werden, ohne dass sich die Qualität des Verstehens über das Leben wesentlich ändert.

„Meine Philosophie" liefert ein paar zentrale Punkte, welche sich in der Wissenspyramide direkt unterhalb von „Leben" einordnen. Die kurzen Korollarien in „Meine Philosophie" sind als Grundlage für das Buch „Philosophie des Lebens" angedacht, in welchem das Leben umfangreicher thematisiert wird.

Meine Philosophie; 24 Seiten, 2017
ISBN: **978-3-7460-2794-4**

Menschenrechte und Pflichten - revidiert

Die Gewährleistung der Menschrechte in einer geordneten Umgebung ist das Fundament für ein friedliches Zusammensein und einer gedeihenden Zivilisation. In einer feindlichen Umgebung mit Kämpfen und Zerstörung gibt es kein friedliches Zusammensein und keine gedeihende Zivilisation, welche durch ihre Errungenschaften in Medizin, Technik und den Wissenschaften zur Wohlfahrt des Menschen beiträgt.

Aber was zeichnet die Menschenrechte nun aus, dass diese zu einem friedlichen Zusammenleben führen und zum Wohlergehen des Menschen beitragen?
Zuerst braucht der Mensch die grundlegende Einstellung und dann entsprechendes Wissen und einen Kodex um dies zu verwirklichen. Es ist also eine Sache an der jeder einzelne arbeiten muss.

Menschenrechte und Pflichten - revidiert; 32 Seiten, 2017
ISBN: **978-3-7460-1913-0**

Lernen wie man lernt, lernen wie man versteht

Verstehen ist eine des Lebens innewohnende Fähigkeit und besonders der Mensch als lebende Einheit versucht durch Verstehen mit seiner Umgebung zurechtzukommen – somit kann Verstehen zu einer umfangreichen Sache werden.

Der Hersteller von Autos muss nicht nur etwas über Motor, Karosserie und Fahrwerk wissen, sondern auch etwas über menschliche Anatomie und menschliche Vorlieben – schau, die Größe der Sitze, der Abstand zum Lenkrad, die Höhe der Windschutzscheibe befinden sich in einem bestimmten Bereich und das Auto soll schön sein, sonst wird es nicht gekauft.

Ebenso Verstehen und Lernen als Fachgebiet, es beinhaltet die Grundlagen des Verstandes, Wörterbücher, richtiges Beobachten, persönliche Einstellung, Wissen über die Gesunderhaltung des Körpers, um auch Leistungsfähig bei der geistigen Arbeit zu sein. In diesem Buch wird etwas umfassend gearbeitet, um nicht nur ein Konzept über Lernen und Verstehen zu bekommen, sondern auch eine entsprechende Einstellung.

In diesem Werk wird ein Denkraster vermittelt und dem Leser die Werkzeuge gegeben, die er zum Lernen und Verstehen braucht - unabdingbar für ein erfolgreiches Studium. Es nutzt nichts über Gehirnwindungen, Speicherkapazität von Hirnzellen und Synapsen zu wissen, dies ist bloßes Wissen und muss selbst erlernt werden. Vielmehr geht es darum eine Technologie an den Mann zu bringen, also Wissen welches angewendet werden kann.

Lernen wie man lernt, lernen wie man versteht; 180 Seiten, 2017
ISBN: **978-3-8482-6448-3**

Erfolg im Handwerk – Der Stukkateurmeister

Ein Handwerksmeister beschreibt seinen Werdegang, den Schlamassel des Ausbildungssystems und seinen Weg da durch. Das Buch enthält viele Tipps und Tricks, wie man in Ausbildung, Beruf und Gesundheit erfolgreich sein kann.

Dieses Buch zeigt die alten Werte und einen Weg zum Erfolg!

Die aufgeführten Texte sind keine Romane, es ist niedergeschriebene einfache Beobachtung ohne Interpretation oder Meinung. Das Buch zeigt das Fundament, auf das sich das Haus aufbaut. Wie und aus welchen Steinen das Haus gebaut wird ist eine andere Sache. Wenn das Haus auch zusammenbricht. Das Fundament hält!

Erfolg im Handwerk – Der Stukkateurmeister; 156 Seiten, 2017
ISBN: **978-3-8482-0675-9**

Rückführung - Einführung und Kurzanleitung

Einige möchten in einer Rückführung ihre Vergangenheit entdecken und ob es denn tatsächlich so etwas gäbe wie vergangene Leben. Andere wiederum versuchen im psychologischen Ansatz in ihre frühe Kindheit einzudringen, um dort Traumata, Erfahrungen zu finden, um Probleme im gegenwärtigen Alltag lösen zu können – eine Regressionstherapie. Ja, einige sind so von ihren Erfahrungen gebrandmarkt, dass sie sich mehr und mehr vom Leben zurückziehen, Angst haben irgendwelchen weiteren schlechten Erfahrungen zum Opfer zu fallen. Es entwickeln sich Vorurteile gegenüber der Umgebung, gegenüber seinen Mitmenschen, da diese ähnliche Merkmale haben wie das einst Böse, das einem widerfahren ist.

So regiert der Gedanke den Menschen und es scheint ihm bisweilen unmöglich, über seinen eigenen Schatten zu springen. Aber was gibt dem Gedanken diese

Kraft, was sind die Grundgesetze des Verstandes und was kann man tun, um der einstigen Erfahrung die Macht zu nehmen, um ein Leben leben zu können ohne dass der Schatten der Vergangenheit das Dasein verdunkelt?

Eine Rückführung ist nicht nur eine Reise in die Vergangenheit. In einer Rückführung entdeckt sich die Person selber, sie kann für sich all die Kraft und Motivation wiedergewinnen die sie durch ihre Erfahrungen verloren hat und neue Freude am Leben gewinnen. Leute sprechen über das Verarbeiten von schlechten Erfahrungen und mal ehrlich, hat überhaupt jemand eine Ahnung darüber wie man das Ladungspotential eines Gedanken, einer Erfahrung verringert? Wenn nicht, wie kann er dann Erfahrungen verarbeiten? Ich meine, selbst die Experten der geistigen Gesundheit, der Psychologe oder der Psychiater wissen nichts darüber, diese sprechen über die Funktionsweise des Gehirns, also chemischen, materiellen Vorgängen.

Somit haben wir also eine Grundlage, den Gedanken und die Energie mit der der Gedanke die Person antreibt.

Dieses Buch gibt einen kurzen Einblick über eine neue Sichtweise des Menschen und zeigt eine Vorgehensweise, um die Schatten der Vergangenheit zu besiegen.

Rückführung - Einführung und Kurzanleitung; 100 Seiten, 2017
ISBN: **978-3-7322-9607-1**

„Ein As auf der Nürburgring-Nordschleife" – Das Handbuch
„Wer die Gefahr kennt, kann ihr begegnen!"

Welcher Top Speed ist an den einzelnen Stellen möglich? Der Bilderband mit mehr als 140 Bildern und 26 Skizzen der einzelnen Streckenabschnitte und der maximalen Geschwindigkeit bei gutem Wetter und Bridgestone BT56/57 Bereifung, mit einer Yamaha FZR 1000. Zeit: 8:06 Minuten!!!

„Ein As auf der Nürburgring-Nordschleife" – Das Handbuch; 76 Seiten, 2017
ISBN: **978-3-8482-0999-6**